**그들은 왜 돈을 쓸수록
부자가 되는가**

Original Japanese title: OKANEMOCHI WA GORITEKI
© Tatsugawa Kengo 2023
Original Japanese edition published by Subarusya Corporation
Korean translation rights arranged with Subarusya Corporation
through The English Agency (Japan) Ltd. and Danny Hong Agency

이 책의 한국어판 저작권은 대니홍 에이전시를 통한 저작권사와의 독점 계약으로
유노콘텐츠그룹 주식회사에 있습니다.
저작권법에 의해 한국 내에서 보호를 받는 저작물이므로 무단전재와 복제를 금합니다.

그들은 왜 돈을 쓸수록 부자가 되는가

사람, 부, 행운이 따르는 부자들의 돈 사용법

다쓰가와 겐고 지음 — 박수남 옮김

유노북스

시작하며

내 인생을 바꿔 놓은 부자들의 돈 쓰는 태도

안녕하세요. 다쓰가와 겐고입니다.

수많은 책 가운데 이 책을 선택해 주셔서 진심으로 감사합니다.

저는 돈 전문가라고 할 수 있는 파이낸셜 플래너입니다. 주로 고객의 라이프 플랜을 설계하고, 미래 자금 마련을 위한 자산 형성 방안을 조언합니다.

처음부터 이 일을 한 것은 아닙니다. 저는 대학을 졸업한 후 그래픽 디자이너로 광고 제작 회사에 입사하며 사회생활을 시작했습니다. 그러나 회사의 경영이 어려워지면서 부동산×IT, 이른바 '부동산 테크' 계열의 벤처 기업으로 이직하게 됐습니다.

새로운 직장에서 맡은 업무는 부동산 영업으로, 부동산 소유주를 직접 만나는 일이었습니다. 이 일을 하면서 부자 또는 초부유층이라 불리는 분을 많이 만날 수 있었습니다. 수억에서 수십억 엔 규모의 부동산 자산을 보유하고 매년 수천만 엔에서 수억 엔에 이르는 임대 수입을 올리는 분들이었습니다. 흔치 않은 경험이었지요.

업무 대화를 나누면서 저를 좋게 봐 주신 고객들은 저를 사적인 소규모 모임에 초대하거나 다른 분들에게 소개해 주기도 했습니다. 비즈니스 관계로만 머물며 깊이 교제하지 못한 고객들도 부자로서의 사고방식과 에피소드를 들려주셨습니다. 정확한 숫자는 알 수 없지만, 지금까지 이야기를 들려주신 부자는 150명을 훌쩍 넘을 것입니다.

지금 돌이켜 보면, 영업 일을 시작할 무렵의 저는 지극히 평범한 서민이었습니다. 첫 직장의 사정이 어려워져 이직 활동을 하던 시절에는 급여가 지연되고 생활비를 마련하지 못해 은행 잔액이 100엔을 밑돌던 아찔한 경험도 있습니다. 돈에 무심했고, 영업 상대인 부자들에 대해서도 '돈을 물 쓰듯 펑펑 쓰겠지' 하고 멋대로 생각했습니다.

가족과 친척, 고향 친구 등 주변으로부터 알게 모르게 주입된 생각, 즉 '돈 이야기를 하는 사람은 탐욕스럽다', '돈은 필요하지만 불결한 것이다'라는, 사회에 은연중에 그러나 견고하게 존재하는 일종의 공동 환상에도 깊이 잠겨 있었습니다.

그런데 여러 부자를 만나 이야기를 들으면서, 그들이 부자나 초부유층이라 불리는 자리에 오른 것은 사고방식과 일상의 습관이 보통 사람과 다르기 때문이라는 사실을 깨달았습니다. 부자들은 돈을 특별히 불결한 것이라고 여기지 않으며, 돈에 대해 생각하거나 이야기하는 것을 꺼리지도 않습니다. 물론 돈이 많다고 자랑하면 불필요한 시기와 질투를 살 수 있기에 크게 드러내지는 않지만, 보통 사람보다 훨씬 더 돈을 소중히 다루며 신중하게 사용합니다. 또한 지출한 금액보다 더 큰 가치를 얻기 위해 언제나 주의를 기울입니다. 비용 대비 효과에 민감한 것이지요. 한마디로, 부자들은 돈을 바라보는 태도와 사용하는 방식이 매우 합리적입니다.

이 사실을 알고부터 제 인생은 크게 달라졌습니다. 다시는 돈이 없어 고생하고 싶지 않았던 저는, 일로 만나는 부자들과 업무 대화를 나누는 틈틈이 그들을 적극적으로 인터뷰했습니다. 그리고 돈과 관련된 그들의 행동, 습관, 사고방식을 따라 해 봤습니다.

그 결과, 그야말로 서민이자 예금 잔액이 100엔 밑으로 떨어진 적도 있는 제가 현재는 이른바 '부자'의 대열에 합류했습니다. 부자들의 합리적인 행동과 습관을 본받은 덕분에 영업 실적이 오르면서, 직원 수가 적었던 창업 초창기 벤처 기업에서 순조롭게 승진을 거듭해 영업 부문의 임원 자리까지 오르게 됐습니다. 이후 회사가 상장하면서 운 좋게도 보유한 주식의 가치 상승과 매각을 통해 큰 자산을 얻을 수 있었습니다.

한때 유행하던 조기 은퇴도 고려해 봤지만, 지금까지 쌓아온 자산을 유지하기 위해서라도 돈을 정면으로 마주하고 늘 최신 금융 지식을 갖춰야겠다는 생각에 파이낸셜 플래너로 전향했습니다. 현재 하는 일에서도 훌륭한 선배들의 가르침을 받으며, 이전 직장에서 부자들에게 얻은 교훈을 적극 활용하고 있습니다. 부자들의 습관과 사고방식을 알려드리면 기뻐하는 고객도 많습니다.

어떠신가요? 제가 부자들에게 배운 합리적인 삶의 방식이 궁금하지 않으신가요?

이는 결코 소수의 사람만 할 수 있는 특별한 것이 아닙니다. 사고방식과 요령만 알면 일상에서 쉽게 실천할 수 있으며, 그 효과는 오래도록 이어집니다. 누구나 따라 할 수 있지만 잘 알려지지 않은 부자들의 현명한 돈 사용법을 삶에 적용해 더 자유롭게 돈을 사용할 수 있기를 바랍니다. 당신의 인생은 한층 더 풍요로워질 것입니다.

자, 그럼 페이지를 넘겨 부자들의 합리적인 행동과 사고를 읽어 내는 여정을 시작해 볼까요?

차례

시작하며 내 인생을 바꿔 놓은 부자들의 돈 쓰는 태도　　　004

1장 부자는 가격이 아니라 가치를 본다
돈을 부르는 관점

01 부자가 돈을 쓰는 가격 이상의 가치　　　017
부자는 인색하지 않다

02 부자가 저렴하게 구매하는 것　　　021
부자가 100엔숍에서 사는 것과 사지 않는 것

03 부자는 사람 많은 행사장에 가지 않는다　　　027
할인 행사에 속지 않는 부자들
흥정할 수 있는 곳으로 찾아간다

04 돈으로 살 수 없는 가치란?　　　031
역세권 부동산의 가치
지식과 정보의 가치

05 돈으로 건강은 살 수 없지만 병은 키울 수 있다　　　036
당장의 가성비보다 오래 가는 건강을 생각한다

06 부자가 여행지에서 먹거리를 사 오는 까닭　　　039
부자는 경험을 이야기하는 방식도 다르다

07 부자가 고가품을 살 때 중시하는 것　　　042
유지비와 리세일의 가치

| 08 | **적당히 괜찮은 것이 아니라 가장 좋은 것을 산다** | 046 |

소득 10% 올리기보다 지출 10% 줄이기가 쉽다

| 09 | **부자가 돈을 쓰는 순서** | 050 |

어떤 물건을 가장 오래 많이 쓰는가?
누구에게 어떤 물건이 중요한가?

| 칼럼 | 가족을 위해 돈을 벌었다면 가족을 위해 써라 | 054 |

2장　부자는 돈과 심리를 구분한다
돈을 부르는 마인드

| 10 | **행동 경제학은 부자를 설명할 수 없다** | 061 |

프로스펙트 이론: 손실은 이익의 두 배로 느낀다
부자와 보통 사람의 결정적인 생각 차이

| 11 | **모두가 산다고 따라서 사지 않는다** | 066 |

밴드왜건 효과: 주변과 같아지려는 경향
스스로 정한 기준에 따라 행동하라

| 12 | **이번에 사지 않으면 정말 손해를 볼까?** | 070 |

손실 회피 성향: '놓치면 손해'에 쉽게 반응하는 심리
필요한 물건을 필요할 때 사라

| 13 | **이미 쓴 돈에 얽매이지 않는다** | 075 |

매몰 비용 효과: 쓴 돈만큼 만회하려는 심리
본전을 찾기보다 새로운 가치를 찾아라
더 많은 기회를 보는 사람들의 비결

| 14 | **할인 상품은 정가가 아닌 상품 가치로 판단한다** | 079 |

앵커링 효과: 처음 정보에 사고가 흔들리는 현상

15	**성공률 90퍼센트와 실패율 10퍼센트**	083
	프레이밍 효과: 표현에 따라 결정이 달라지는 현상	
	반대로 생각해 보라	

16	**할인율과 할인 금액**	087
	민감도 체감성: 금액이 클수록 손익 인식이 둔해진다	
	비율이 아닌 액수로 계산하라	

17	**수입이 늘어났다고 지출을 늘리지 않는다**	092
	라이프스타일 크립: 소득이 늘면 생활 수준도 오르는 현상	
	소득이 높아져도 생활 수준은 유지하라	

| 칼럼 | 퇴직금으로 투자하고 한숨도 못 잔 은퇴자 이야기 | 097 |

3장 부자는 미래의 돈을 계산한다
돈을 부르는 인생 설계

18	**돈을 자유롭게 쓰기 위한 첫걸음**	105
	평생 얼마를 쓸 수 있는가?	
	부자가 세우는 라이프 플랜	
	라이프 플랜 작성 방법	

19	**라이프 플랜 포인트 ① 수입**	112
	예상 수입은 적게 잡는다	
	급여 외 수입도 점검한다	

20	**라이프 플랜 포인트 ② 지출**	115
	정기 지출은 10퍼센트 크게 잡는다	
	비정기 지출을 예측한다	
	인생의 주요 이벤트를 점검한다	

| 21 | **라이프 플랜 포인트 ③ 저축** | 121 |

가장 줄이기 쉬운 월 고정비
인생에 세 번 오는 저축 골든 타임

| 22 | **돈은 잘못이 없다** | 125 |

왜 돈과 거리 두게 되었을까?
돈으로 늘리는 선택지, 줄이는 리스크
돈을 갖고 싶은 동기를 명확히 하라

| 칼럼 | 원하는 미래를 머릿속에 그려라 | 133 |

4장 부자는 삶에 투자한다
돈을 부르는 투자 생활

| 23 | **지출에 의미를 부여하라** | 141 |

부자들은 오로지 투자한다

| 24 | **사람은 버는 돈만큼 성장한다** | 144 |

돈을 은행에만 맡기는 사람, 투자하는 사람
투자는 일찍 시작하고 길게 가져가라
투자가 처음이라면?
부동산에 투자하고 싶다면?
투자에 담긴 다양한 가치

| 25 | **안목 넓은 부자가 되는 법** | 152 |

부자들이 미의식을 갈고닦는 이유
인생을 풍요롭게 하는 지식

| 26 | **부자가 사람에게 신뢰를 쌓는 법** | 157 |

소규모 행사를 선호하는 부자들
부자가 사람을 대하는 기본자세

| 27 | **부자가 몇 배나 풍요롭게 사는 비밀** | **161** |

시간을 늘리는 세 가지 요령
부자들이 여유 시간에 몰두하는 것
정보와 인맥으로 시간을 선물한다?
부자는 스케줄의 절반 이상을 비워 둔다

| 28 | **부자가 건강에 신경 쓰는 이유** | **168** |

돈은 건강할 때 써라

| 29 | **부자는 리스크 관리에 투자한다** | **173** |

사망 리스크 관리하기
건강 리스크 관리하기
손해 배상 리스크 관리하기
소송 및 상속 분쟁 리스크 관리하기

| 30 | **자녀가 어릴 때 더욱 투자하라** | **180** |

선택의 기회는 다양한 경험에서 생긴다

| 칼럼 | **생명 보험 보장 금액이 필요 이상으로 높았던 고객 이야기** | **184** |

5장 부자는 돈으로 시간을 번다
돈을 부르는 선택

| 31 | **경험의 투자 효과는 인생의 후반부에 극대화된다** | **193** |

경험보다 값진 투자는 없다
왜 지금 경험해야 하는가?

| 32 | **나이대마다 달라야 하는 경험 투자** | **200** |

지금 시작하는 것이 저위험 고수익
경험의 가치를 높이는 세대별 지출

| 33 | **부와 행복을 함께 쌓는 방법** | **207** |

유형 자산을 무형 자산으로 바꿔라

| 34 | **부자가 되는 버킷리스트** | **212** |

사람을 만날 때는 마지막인 것처럼
하고 싶은 일을 시각화한다

| 35 | **부자는 현재를 산다** | **217** |

가장 친한 친구의 죽음이 나에게 가르쳐 준 것

| **칼럼** | **40년 전 필요했던 돈을 지금 상속받은 사람** | **222** |

마치며 사람, 부, 행복을 버는 부자가 되는 법　　　　　　　　**227**

1장

부자는 가격이 아니라 가치를 본다

돈을 부르는 관점

01
부자가 돈을 쓰는 가격 이상의 가치

부자가 돈을 쓴다고 하면 어떤 이미지가 떠오르는가? 매장에 불쑥 나타나서 "이 진열대에 있는 상품 전부 다 주세요!"라며 물건을 쓸어 담거나, "좋은 거 다 보여 줘!"라며 재력을 과시하듯 함부로 돈을 쓰는 장면이 떠오를지도 모른다. 하지만 내가 직접 부자들에게서 들은 이야기와 눈으로 확인한 모습은 이러한 이미지와 거리가 멀다. 돈이 많다고 해서 비싼 물건을 무턱대고 사들이는 경우는 찾아보기 어렵다. 오히려 대부분은 소비할 때마다 '정말 이만한 가치가 있는가?'를 꼼꼼히 따져 본 뒤 구매를 결정한다. 보통 사람보다 훨씬 신중하게 돈을 쓰는 모습이다.

부자들은 일상적인 소비에서도 지출하는 금액 이상의 가치를 얻을 수 있는지 면밀하게 살핀다. 그들은 가격 이상의 가치나 서비스를 얻을 수 있다고 판단하면 기꺼이 돈을 지불하지만, 그렇지 않으면 아무리 현금을 두둑하게 갖고 있어도 절대로 지갑을 열지 않는다. 이것이 내가 직접 보고 느낀 부자들의 모습이다.

한 부자는 내게 '보통 사람에게 1만 엔짜리 물건을 파는 것보다 부자에게 100엔짜리 물건을 파는 게 더 어려울 것'이라고 말했다. 부자들은 금액과 상관없이 자신에게 득이 되지 않는, 다시 말해 가격 대비 효용이 낮은 거래는 절대 하지 않는다. 바로 이 점이 많은 부자에게 공통적으로 보이는 가장 기본적인 습관이자 사고방식이며, 이번 장에서 전하고자 하는 핵심이다.

부자는 인색하지 않다

여기까지만 들으면 구두쇠처럼 인색했기 때문에 부자가 된 것이라고 오해할 수 있다. 하지만 이는 사실이 아니다. 단지 가격만큼의 만족이나 효용이 없는 거래를 참을 수 없을 뿐,

자신에게 가격 이상의 가치가 있는 상품이라면 기꺼이 돈을 지불하는 것 또한 부자의 특징이다. 금전적 여유가 있으니 보통 사람에게는 비싸게 느껴지는 물건이라도 가격 이상의 가치가 있다고 판단하면 금액에 크게 구애받지 않고 사는 경우가 많다. 컴퓨터 구매를 예로 들어 보자.

- 보급형 모델: 8만 엔
- 중급형 모델: 17만 엔
- 고급형 모델: 40만 엔

이렇게 세 가지 모델이 있는 경우 흔히 '기능이나 디자인은 고급형 모델이 가장 마음에 들지만 40만 엔은 너무 비싸니 중급형이나 보급형 모델로 해야겠다'라고 생각한다. 반면 부자는 '고급형 모델이 가장 매력적이고 가격 이상의 가치가 있다'라고 판단하면 망설임 없이 40만 엔을 지불하고 고급형 모델을 선택한다. 즉 돈을 써서 자산이 줄어드는 것 자체를 싫어하는 인색함과는 전혀 다른 태도라고 할 수 있다.

부자들은 똑같은 상황에서도 '나에게 고급형 모델의 디자인이나 기능은 필요 없다. 보급형 모델은 10만 엔 이하인데 필요한 기능이 모두 들어 있으니 이득이다'라고 판단하면 망설임 없이 보급형 모델을 선택한다. 다른 사람과 비교하거나 '내 지위에 이 정도는 돼야 무시 안 당할 거야'라며 쓸데없이 허세를 부리는 일도 드물다. 물론 허세 가득한 부자도 있지만 말이다.

부자들의 돈 계산

가격 이상의 가치가 있으면 기꺼이 돈을 내지만, 그 가치가 가격에 미치지 못하면 동전 하나조차 함부로 쓰지 않는다. 이것이 부자의 방식이다.

02
부자가 저렴하게 구매하는 것

　부자들은 가격 이상의 가치인지 아닌지를 판단할 때 보통 사람들보다 더 멀리 보고 깊이 생각한다. 앞서 말했듯 부자는 인색하지 않지만 자신에게 득이 되지 않을 때는 쉽사리 지갑을 열지 않는다. 그러한 판단을 내릴 때 자신의 필요와 상황, 장기적인 영향 등을 차분히 고려하며 이 과정을 결코 소홀히 하지 않는다.

　100엔, 200엔 정도의 사소한 물건을 살 때조차 '이 상품이 내게 그만한 가치를 지니는가'를 스스로에게 묻는다. 이러한 습관이 부자가 될 사람과 그렇지 않은 사람을 가르는 차이다.

　한 부자가 이러한 사고방식과 소비 습관을 기르는 데 가장 적합한 장소는 100엔숍(다양한 상품을 100엔에 판매하는 일본의 생활용품점으로, 한국의 다이소와 비슷하다.—옮긴이)이라고 알려 줬다. '부자들도 100엔숍에 갈까?' 하고 의아하게 생각할 수 있지만, 그들도 100엔숍을 이용한다. 자신에게 그만한 가치가 있다면 가격이 싸든 비싸든 개의치 않듯, 원하는 상품이 있는 곳이라면 저가 매장이든 고급 매장이든 신경 쓰지 않는 것이다. 100엔숍 계산대에서 당신 뒤에 나란히 서 있던 아저씨나 아주머니가 실은 억만장자였을 수도 있다.

다시 본론으로 돌아와서, 100엔숍에는 다양한 물건이 진열돼 있다. 그중에는 거기서만 살 수 있는 아이디어 상품도 있고 다른 곳에서 구할 수 있는 상품도 있다. 우리는 무심코 '싸다'고 느끼지만, 똑같이 100엔이어도 모든 상품이 그만한 가치를 지닌 것은 아니다. 상품에 따라서는 대형 마트나 온라인 쇼핑몰 등 다른 곳에서 더 저렴하게 구할 수 있는 물건도 있다. 100엔숍은 각 상품이 정말로 가격만큼의 가치가 있는지 판단하는 연습을 하기에 더없이 훌륭한 장소다.

부자가 100엔숍에서 사는 것과 사지 않는 것

부자들이 100엔숍에서 어떻게 판단하고 소비하는지 실제

사례를 살펴보자.

첫째, 근사한 일회용 종이 접시를 100엔숍에서 산다.
어느 고객의 집에서 열린 바비큐 파티에 초대받았을 때의 일이다. 파티가 끝나고 뒷정리를 돕는데, 사용하지 않은 근사한 종이 접시를 쓰레기통에 버리는 장면을 보게 됐다. 평범한 서민이었던 나에게는 종이 접시가 남으면 다음에 쓰려고 찬장 구석에 넣어 두는 것이 당연했다. 그래서 속으로 '역시 부자들은 안 쓴 접시도 그냥 버리나 보다'라고 생각하며 바라보고 있었다. 그런데 내 시선을 눈치챈 그가 이렇게 말했다.

"지금 속으로, 내가 돈이 많아서 사용하지도 않은 접시를 아무렇지 않게 버리는 거라고 생각했죠?"

속마음을 들킨 것 같아 멋쩍게 웃었는데, 그는 차분하게 자신의 생각을 이야기했다. 그 역시 버리기는 아깝지만, 남겨 둬 봤자 다시 쓸 기회가 좀처럼 생기지 않기 때문에 버린다고 했다. 바비큐 파티를 또 하더라도 남은 접시만으로는 부족해 결국 새로 사야 하는 경우가 많다고 했다. 그때는 같은 제품이 없을 수 있고, 모양이 다른 접시를 손님에게 내고 싶지도 않아 결국 남은 건 쓰지 않고 방치될 가능성이 높다는 것이다. 자주 사용하지 않는, 어쩌면 평생 쓰지 않을 물건이 집 안 공간을 차지하는 건 좋지 않다고 덧붙였다.

솔직히 말하면, 고작 종이 접시 하나를 두고 이렇게까지 세세하고 긴 안목으로 생각한다는 사실이 놀라웠다. 그는 감탄하는 나를 향해 웃으면서 말했다.

"그리고 이거, 100엔숍에서 산 접시예요."

당시 나는 부자들은 100엔숍 같은 곳에 갈 리가 없다고 생각했기 때문에 이 말에도 깜짝 놀랐다. 알고 보니 파티용 종이 접시는 특정 100엔숍 제품이 세련되고 품질도 좋아서 즐겨 사용한다고 했다. 한 번 쓰고 버릴 물건이라 필요한 기능과 디자인만 있으면 충분한데, 가격까지 저렴하니 지불한 돈 이상의 가치가 있다는 것이다. 그는 이러한 판단으로 100엔숍의 상품을 이용한다고 말했다.

그 이야기를 들은 나는 집 수납공간에 '언젠가 쓰겠지' 하며 습관처럼 넣어 뒀던, 사실상 쓸 일이 없는 물건들을 치웠다. 그리고 비워진 공간에는 집 안 여기저기 흩어져 있던 물건들을 깔끔하게 넣어 뒀다. 새로 산 물건도 사용하지 않으면 바로 처분하는 습관을 들였다. 그 결과 생활 공간이 훨씬 넓고 깨끗해졌다. '이 물건은 사 봤자 안 쓰고 금방 버릴지도 몰라'라는 생각을 하게 되면서 불필요한 소비도 줄일 수 있었다.

이 부자와의 대화는 내가 '돈 쓰는 법'을 다시 돌아보게 된 뜻깊은 계기가 됐다.

둘째, 거실 소모품도 100엔숍에서 많이 산다.

한 부자는 집 안의 서재를 편안한 공간으로 만들기 위해 무척 공을 들였다. 의욕과 집중력을 끌어올려 언제나 최고의 성과를 내기 위해 엄선된 물건들로 둘러싸여 있고 싶어 했다. 이 부분에 있어서 절대 타협하지 않았다. 서재에는 각각 유래나 에피소드가 있는 고급 가구와 문구류가 넘쳐났으며, 취미 용품과 즐겨 읽는 책들이 놓여 있었다. 고급스러운 공간이었다. 당연히 그곳에는 100엔숍 제품이 단 하나도 없었다.

그런데 그는 거실과 같이 가족과 함께 생활하는 공간에는 거의 관심을 두지 않았다. 거실에서 사용하는 소모품과 플라스틱 용품 등은 한눈에 봐도 100엔숍에서 사 온 것 같은 물건이 많았다. 꼭 고급이 아니어도 충분히 쓸 만한 물건이라면 부자들도 100엔숍 제품을 일상에서 흔히 사용한다.

셋째, 주방 세제는 100엔숍에서 사지 않는다.

한 부자는 주방 세제만큼은 100엔숍에서 사지 않는다. 그녀는 고가의 식기를 사용하는데, 품질이 좋지 않은 세제를 사용하면 화학 성분 탓에 아끼는 식기를 망가뜨릴 수 있기 때문이라고 한다. 100엔숍 세제로는 깨끗이 닦이지 않는다고 느낄 때가 많아, 오히려 돈을 낭비하게 된다고도 덧붙였다.

세 가지 사례를 통해 부자들 역시 100엔 남짓한 물건 하나를 두고도 가격 이상의 가치가 있는지 꼼꼼히 따져 본 뒤 구매를 결정한다는 사실을 알았다. 아무리 값싼 물건이라도 돈을 지불하는 이상 최대의 가치를 얻으려 하는 것이다. 거듭 말하지만, 이러한 사고를 게을리하지 않고 꾸준히 이어 가는 것이 부자가 될 수 있는지를 가르는 중요한 요인이다.

부자들의 돈 계산

생각 없이 물건을 사지 않는다. 값싼 물건이라도 여러 각도에서 장기적인 손익을 따져 본 뒤 자신에게 가치가 있다고 판단할 때만 구매한다.

03
부자는 사람 많은 행사장에 가지 않는다

할인을 좋아하는가? 시즌 마감이나 연말연시 할인 행사에는 많은 사람이 모인다. 하지만 부자들은 이러한 할인 행사에 잘 가지 않는다. 100엔숍이나 마트에서 평범하게 쇼핑하는 모습과는 사뭇 다르다. 그들이 할인 행사에 가지 않는 이유는 크게 두 가지로 나눠 볼 수 있다.

할인 행사에 속지 않는 부자들

첫째, 소비는 스스로 결정한다.

정말 필요한 것과 원하는 것 외에는 돈을 쓰고 싶지 않기 때문이다. 다시 말해, 판매자가 의도하는 대로 끌려가지 않으려는 것이다.

사람은 무의식적으로 자신이 듣고 싶은 정보만 받아들이는 경향이 있다. 예를 들어, 살 생각이 없던 상품도 매장 직원이 능숙하게 설명하고 권하면 '그렇구나, 있으면 편리하겠네…' 하고 스스로 이유를 찾아 소비를 정당화한다.

행동 경제학에서는 이러한 심리 작용을 '확증 편향'이라고 부른다. 부자들은 이런 심리에 빠져들지 않도록 처음부터 할인 행사에 가지 않는다. 온라인에서 물건을 살 때도 원하는 상품을 클릭해 주문하면 곧바로 사이트를 닫는 사람이 많다.

할인 행사장에서는 방문한 고객이 더 많은 물건을 사도록 다양한 판매 전략이 동원된다. 매장 직원의 권유뿐 아니라 광고, 매장 진열, 타임 세일 등 과학적으로 검증된 다양한 시각적·심리적 기술이 활용된다. 그 자리에 있으면 "고객님께는 이 상품이 좋을 거예요", "이거 산 사람은 이런 것도 샀어요"와 같은 영업 문구에 솔깃할 수밖에 없다. 따라서 부자들은 처음부터 소비를 유도하는 자리인 할인 행사에 잘 가지 않는다.

부자들이 할인 행사에 가지 않는 또 다른 이유는, 구매 시점을 가격이 아닌 자신에게 지금 필요한지를 기준으로 판단하기 때문이다.

나의 아내는 마음에 드는 옷이 있어도 '할인할 때 사야지', '가격 내려가면 사야지'라고 생각하며 바로 구입하지 않는 경우가 있다. 그러나 막상 할인 행사할 때 가 보면 사려던 상품이 품절일 때가 많다. 심지어 그 상품이 할인 품목이 아닌 경우도 적지 않다.

이런 일은 사람에 따라 꽤 큰 심리적 부담으로 다가오기도 한다. 자신에게 정말 필요한 상품이라면 타이밍을 놓치지 않고 바로 구매하는 것이 좋다. 옷을 예로 들어 보자. 갖고 싶은 옷을 손에 넣는 것만으로도 행복도가 올라가고, 구매한 날부터 바로 입을 수 있으니 그 가치를 누릴 기회가 더 많아진다. 구매를 미루면 미룰수록 사용 기회는 줄어들고 본래의 가치를 충분히 발휘하기 어려워진다.

부자들은 이런 식으로 생각하기 때문에 애초에 갖고 싶은 물건이 생기면 할인을 기다리지 않고 바로 산다. 따라서 자연스럽게 할인 행사에는 가지 않게 된다.

흥정할 수 있는 곳으로 찾아간다

한 부자는 판매자가 적극적으로 권하는 할인 행사에는 가지 않지만, 자신이 가격을 협상할 수 있는 가전 매장에는 일부러 찾아간다고 한다.

  핵심은 그 자리에서 바로 가격을 흥정할 수 있다는 점이다. 그가 말하길, 가전 신상품은 최신형이라는 이유만으로 가격이 높게 책정된 경우가 많아 직원과 잘 이야기하면 가격을 낮춰 주는 일이 많다고 한다. 스스로 가격을 흥정할 수 있고, 살지 말지도 오롯이 자신의 판단으로 결정할 수 있는 곳이야말로 지금까지 설명한 부자의 태도와 가치관에 잘 맞는다.

  필요한 시점에 지불한 돈 이상의 가치를 지닌 물건을 알맞은 가격에 사는 것. 이것이 부자에게 배운 현명한 돈 사용의 기본 원칙이다.

부자들의 돈 계산

할인 행사에서는 가격이 저렴하더라도 직원의 권유 때문에 불필요한 지출을 할 위험이 크다. 이러한 위험한 상황에는 처음부터 가지 않는 것이 안전하다.

04
돈으로 살 수 없는 가치란?

역세권 부동산의 가치

　부자들은 돈으로 살 수 없는 것에 진정한 가치가 있다는 사실을 알고 있다. 예를 들어, 집과 직장을 오가는 출퇴근 시간에는 가격표가 붙어 있지 않아 돈으로 살 수 없다. 하지만 현재 월급을 근로 시간으로 나눠 실질적인 시급을 계산하면 출퇴근에 드는 비용을 가늠해 볼 수 있다. 또는 대중교통 요금이나 자동차 휘발유 가격으로 대략적인 비용을 계산할 수도 있다. 출퇴근 시간은 결코 공짜가 아니다. 부자들은 이러한 시간 비용에도 민감하다.

　부자들 가운데 상당수는 출퇴근 시간을 최소화할 수 있는 역세권에 거주한다. 물론 역세권은 집값이나 임대료도 그만큼 비싸지만, 돈이 있으니 그 점은 딱히 신경 쓰지 않는다. 매일 조금씩 쌓이는 출퇴근 시간을 줄이는 것이 역세권 부동산에 지출하는 금액보다 가치가 크다고 판단하는 것이다.

부자 중에 출퇴근하지 않는 사람도 꽤 있다. 하지만 그들도 대부분 병원, 마트, 자주 이용하는 쇼핑몰, 자녀 교육 시설, 관공서 등으로 이동하기 편리한 역 가까이에 자택을 둔다. 대대로 부자라면 교외의 대저택에 사는 경우도 더러 있지만, 최근 한두 세대 사이에 부자가 된 사람들은 거의 역세권에 거주한다.

고급스러운 이미지의 타워맨션에 사는 사람은 생각보다 적다. 타워맨션을 통한 상속세 절감 효과가 언젠가는 사라질 것이고, 사소한 외출조차 엘리베이터를 이용해야 하는 초고층 생활이 반드시 살기 편하다고는 할 수 없다. 또한 주거의 편의성에 비해 가격이 너무 비싸다고 판단하는 사람도 많다.

부자들은 주로 평범한 맨션 중간층의 조금 넓은 평형을 구입해 눈에 띄지 않게 조용히 생활한다. 일상생활과 출퇴근에 드는 시간 비용을 절약할 수 있고, 교외에 있는 대저택보다 친구 초대가 자유로우며, 고가의 타워맨션과 달리 비용 대비 효율이 좋은 역세권 부동산. 부자란 이처럼 가격으로 환산할 수 없는 소중한 가치를 위해 아낌없이 돈을 쓰는 사람들이다.

지식과 정보의 가치

출퇴근 시간과 마찬가지로 우리의 머릿속에 입력되는 지식 역시 눈에 보이는 가격표가 없다. 반복해서 말하지만, 돈으로 살 수 없는 것이야말로 인생을 유리하고 안전하게 살아가는 데 결정적이라는 사실을 부자들은 잘 알고 있다. 따라서 그들은 새로운 지식과 정보를 얻기 위해, 또는 최근 주목받고 있는 리스킬링(reskilling)처럼 새로운 분야의 기술과 역량을 익히기 위해 아낌없이 돈을 쓴다. 친구나 지인과 대화할 때 활용할 수 있는 정보를 얻기 위해 열심히 투자하며, 누구보다 빨리 얻기 위해 기꺼이 수고한다.

이와 관련해, 정보를 얻는 데 가장 좋은 수단이 무엇인지 물어보면 부자들은 하나같이 책이라고 대답한다. 사람마다 차이는 있겠지만, 부자 중에는 책을 매달 여러 권 구입하는 독서가가 매우 많다. 미국의 잡지 〈Business Management degree〉에 실린 독서량을 조사한 연구 결과에 따르면, 미국 부유층의 약 88퍼센트는 하루 30분 이상 비즈니스 서적 등의 책을 읽는다고 한다. 부자들이 책을 더 많이 읽는 것은 어느 정도 근거가 있다는 뜻이다. 마이크로소프트의 전 CEO 빌 게이츠는 자타가 공인하는 독서광이다. 그는 매년 여름 휴가철과 연말마다 자신이 읽은 책 가운데 추천 도서를 공개하는 것으로 유명하다.

부자들은 이렇게 말한다.

"TV는 이미 세상에서 유행하는 것을 뒤따라가는 매체이기 때문에 정보가 뒤처지고 시간 대비 효율도 나빠 최근에는 시청 시간을 줄였다. 또 인터넷 정보는 전체를 부분적으로 잘라 낸 것뿐이라 신뢰할 수 없다. 그에 비하면 책은 출판사에서 편집하기 때문에 어느 정도 신뢰할 수 있고, 한 권을 읽으면 그 분야의 지식을 체계적으로 머리에 넣을 수 있어서 좋다."

호기심이 아주 많은 한 부자는 이렇게 말했다.

"책은 출간 시점의 사회적 니즈나 트렌드를 보여 주는 경우가 많다. 따라서 최고의 정보원이다."

부자들은 정보를 조금이라도 빨리 얻기 위해 사전 예약 주문을 해 뒀다가 신간을 발매 당일에 받아 보는 일도 흔하게 한다. 그렇게 하면 신뢰도 높은 최신 정보를 빠르게 얻을 수 있고, 이를 대화 주제로 활용할 수도 있다.

부자를 만나 이야기를 나누다 보면 전혀 접하지 못했던 새로운 지식이나 사고방식을 배울 때가 있다. 그럴 때 "사실은 그 내용, 오늘 나온 책에 쓰여 있어요"라며 웃는 모습을 한두 번 본 게 아니다. "오늘 막 나온 책 내용은 아는 사람이 많지 않아요. 거기에 내 의견이나 가치관을 조금 보태서 얘기하면 주위에서는 내가 대단한 사람인 줄 알더군요"라고 말하며 웃던 부자도 있다. 신뢰할 만한 최신 정보에는 돈으로 환산할 수 없는 가치가 있다고 생각해 적극적으로 투자하는 것이다.

나 역시 '독서만으로도 주변과 차이가 생긴다'는 부자의 말을 계기로, 책에 쓰는 돈을 나에 대한 투자라 생각하며 넉넉히 사용했다. 덕분에 일은 물론 개인적으로도 큰 변화를 실감할 수 있었다. 관심 있는 책은 반드시 사전에 예약해 발매일에 집에 도착할 수 있도록 준비하고, 서점에 가면 '오늘 나온 신간' 코너를 꼭 확인한다.

부자들의 돈 계산

시간과 지식처럼 가격을 매길 수 없고 돈으로 살 수 없는 것이야말로 인생을 안전하고 유리하게 살아가는 데 중요하다. 부자들은 그런 것에 돈을 아끼지 않는다.

05
돈으로 건강은 살 수 없지만 병은 키울 수 있다

시간이나 지식과 마찬가지로 '건강' 역시 돈으로 살 수 없는 소중한 가치다. 부자들은 돈으로 살 수 없는 것이야말로 인생에서 진짜 중요한 것임을 잘 알기 때문에 건강 관리에 힘쓰는 사람이 많다. 건강을 위해서는 균형 잡힌 적당한 양의 식사와 운동이 필수다. 하지만 식욕은 본능이기 때문에 조절하기가 쉽지 않다. 눈앞에 달콤한 과자나 먹음직스러운 음식이 있으면 자기도 모르게 과식하고 만다.

"우리 가족은 고기를 좋아해서 있으면 있는 대로 다 먹어요. 그래서 포장된 고기는 안 사요."

한 부자 여성이 한 말이다. 이 여성은 자신과 가족의 의지가 약하다는 것을 알기에 식구들이 좋아하는 고기는 필요한 만큼만 무게를 달아 구매한다고 한다. 포장된 고기는 원하는 양을 정확히 맞추기 어려워 많이 사게 되고, 결국 음식을 많이 만들게 된다는 것이다.

사실 부자들도 평소에는 대개 집에서 식사한다. 집에 유명 셰프를 불러 고급 요리를 먹는 것은 특별한 날의 이벤트일 뿐이다. 가사도우미를 고용해 식사 준비를 맡기는 것도 극소수 슈퍼 셀럽의 이야기다.

대부분의 가정에서는 마트에서 식재료를 사 와 집에서 직접 요리한다. 그게 비용 면에서도 좋고 건강에도 좋기 때문이다. 예로 든 여성처럼 필요한 양만 무게를 달아 장을 보는 부자도 생각보다 많다.

당장의 가성비보다 오래가는 건강을 생각한다

부자 중에는 뷔페나 무한 리필 레스토랑을 선호하지 않는 사람이 많다. 행동 경제학 관점에서도 뷔페나 무한 리필 레스토랑에서는 '돈을 냈으니 제한 시간이 끝날 때까지 조금이라도 더 먹어 본전을 뽑자'라고 생각하는 '매몰 비용 효과'가 작동한다고 알려져 있다. 그 결과 어느새 과식해 속이 더부룩해지고, 길게 보면 건강을 해치게 된다. 따라서 그러한 음식점에는 처음부터 가지 않는 합리적인 판단을 하는 것이다.

많은 사람이 무한 리필을 좋아한다. 하지만 이는 '적은 돈으로 더 많이 먹는 것이 이득'이라는 가성비 중심 사고를, 돈으로 살 수 없는 건강에까지 적용한 셈이다. 건강은 돈으로 살 수 없지만, 건강을 잃는 건 어떤 의미에서는 돈으로 살 수 있다고 할 수 있다.

💰 부자들의 돈 계산

건강은 돈으로 살 수 없는 소중한 것이다. 값을 매길 수 없는 소중한 가치에는 가성비를 따지지 않고, 조금 불편한 방법을 선택하기도 한다.

06
부자가 여행지에서 먹거리를 사 오는 까닭

　시간, 정보, 건강과 마찬가지로 부자들이 소중히 여기는 것 가운데 하나가 바로 인맥이다. 진정한 인간관계는 결코 돈으로 살 수 없다. 그렇기에 많은 부자가 새로운 인맥을 맺거나 관계를 이어 가기 위해 평소에도 노력을 아끼지 않으며, 필요하다면 망설이지 않고 돈을 투자한다.
　거창하게 생각할 필요는 없다. 부자들이 흔히 하는 인맥 투자 중 하나가 여행지에서 사 오는 선물이다. 내가 아는 부자는 여행을 무척 좋아하는데, 만날 때마다 "얼마 전에 어디 다녀왔어요"라며 여행 이야기를 들려준다. 그리고 그 지역의 유명 먹거리를 선물로 준다. 적은 금액으로 하는 이러한 투자는 누구나 바로 따라 할 수 있다.

지역의 명물 과자와 같은 음식 기념품은 대부분 수제로 만들어져 소비 기한이 짧고, 그곳에서만 살 수 있는 상품이 많다. 그래서 지역 특산물을 선물받으면 자연스럽게 그 지역에 관심도 생기고, 처음 먹어 본다는 특별함 때문에 기분도 좋아진다.

나는 지금까지 부자에게 기후현의 밤 화과자, 나가노현의 달콤한 전병, 시가현의 비와호 자연산 은어 조림, 에히메현의 귤, 구마모토현의 팥앙금 화과자 등을 선물로 받았다. 선물을 받고 그 지역에 관심이 생겨 가족과 여행한 곳도 많다.

고작 기념품일 뿐이라고 여길 수도 있지만, 습관처럼 자주 받다 보면 어느새 무의식적으로 답례해야겠다는 생각이 든다. 인맥을 쌓기 위한 투자라는 관점에서 보면 결코 무시할 수 없는 효과다.

반면 관광지에서 흔하게 파는 장식품 같은 것은 선물로 적합하지 않다. 그런 물건은 운 좋게 자신의 취향과 꼭 맞을 때만 자신을 위해 사는 물건이다. 다른 사람에게 주면 받는 사람이 곤란해진다. 나는 부자들에게 그런 기념품을 받아 본 적이 없다.

부자는 경험을 이야기하는 방식도 다르다

돈 쓰는 방법과는 조금 다른 이야기지만, 여행 이야기를 할 때도 부자는 보통 사람과 다르다.

그 차이는 이야기를 전달하는 태도에 있다. 보통은 "○○에 여행 가서 △△라는 경험을 하고 왔어요"라고 말한다. 따라서 자랑처럼 들리기 쉽다.

부자는 이러한 이야기도 하지만, 거기에 덧붙여 "당신이라면 분명 △△의 □□에 매력을 느끼고 즐길 수 있을 거예요"라고 제안하며 듣는 사람에게 도움이 될 만한 정보를 함께 전한다. "다음에 간다면 ◇◇도 해 보고 싶어요" 등과 같이 자신의 경험과 깨달음을 바탕으로 상대가 더 좋은 경험을 할 수 있도록 조언하기도 한다. 이러한 커뮤니케이션 방식에서도 그들의 풍부한 인맥 형성 능력이 드러난다.

🏦 부자들의 돈 계산

여행지의 특산 먹거리를 선물하며 인맥에 투자하는 부자도 있다. 비용 부담이 크지 않아 누구나 따라 할 만하다.

07
부자가 고가품을 살 때 중시하는 것

부자들이 '평소에 타는 차' 하면 어떤 차가 떠오르는가? 페라리? 람보르기니? 포르쉐? 물론 그런 고급 스포츠카를 즐겨 타는 부자들도 있다. 하지만 그건 주로 자동차가 취미인 사람들이다.

내가 만난 부자들이 가장 많이 타는 차는 지극히 평범한 세단형 하이브리드였다. 구체적으로는 도요타의 렉서스, 크라운, 프리우스, 또는 벤츠 C클래스나 BMW 3시리즈 등이다. 고급 자동차이긴 하지만 생각보다 평범하지 않은가? 아이가 어리고 가족 구성원이 많을 때는 도요타의 알파드와 같은 미니밴을 타는 사람도 있지만, 아이가 성장해 독립하면 세단으로 갈아탄다.

경차를 타는 사람은 거의 없다. 다만 기동성이 좋은 차를 선호해 BMW의 미니 쿠퍼와 같은 소형차를 선택한다는 사람은 있었다.

참고로, 자신이 경영자라면 벤츠의 세단을 선택하는 경우가 많았다. 이는 회사 업무용 차량으로 쓰기에 적합해서인 듯하다.

최근에는 테슬라 전기차를 타는 사람도 점차 늘고 있지만, 의외로 전기차는 부자들에게 큰 인기가 없다.

유지비와 리세일의 가치

부자들이 이런 차를 선택하는 이유는 차량 유지비와 중고차 시세를 고려하기 때문이다. 겉보기에 화려한 고급 스포츠카는 일반 차량에 비해 유지비가 훨씬 많이 든다. 실제로 한 부자는 이렇게 말했다.

"좋아서 타고는 있지만 세금은 물론이고 자동차 보험, 정기 검사 등 각종 유지 관리비까지 전부 보통 차보다 훨씬 돈이 많이 들어요. 아주 무서운 차죠."

또한 부자들이 탈 것 같은 포르쉐 카이엔이나 벤츠 G클래스 같은 고급 SUV는 주차장 여건에 따라 차체 높이와 타이어 폭 때문에 이용하지 못하는 경우가 있어 실용성이 떨어지기도 한다. 이처럼 유지비 부담과 실용성 문제 탓에 이런 고급 차를 선택하지 않는 부자도 상당히 많다.

할리우드의 슈퍼 셀럽들이 즐겨 타는 전기차 역시 사용 편의성이 아직 완전히 개선되지 않았다는 점과 중고차로 판매할 때 리세일 가치가 낮다는 점 때문에 선호도가 떨어진다. 전기차의 리세일 가치는 실제로는 일부 차종에 한정된 문제라는 말도 있지만, 하이브리드차나 가솔린차보다 낮게 평가되는 것이 현실이다. 따라서 돈을 신중하게 사용하는 부자들에게는 아직 선택받기 어려운 듯하다. 다만 미나미아오야마에 있는 테슬라 쇼룸 앞을 지날 때면 구매를 생각하는 연예인이나 경영자의 모습을 종종 볼 수 있다. 최근 일본 내에서도 인기가 급상승 중이므로 앞으로의 분위기는 달라질지 모른다.

어쨌든 유지비와 리세일 가치 양쪽 다 높은 가성비를 기대할 수 있는 것은 고급 차나 전기차처럼 개성이 강한 모델이 아니라 시장에서 평이 좋고 중고 수요도 높은 차종이다. 따라서 자연스럽게 세단 타입의 하이브리드 자동차를 선택하는 것이다.

부자들이 선호하는 자동차 색상은 주로 리세일 가치가 높은 흰색이나 검은색이다. 이 점을 통해서도 그들이 리세일 가치를 매우 중요하게 여긴다는 사실을 알 수 있다.

자동차와 같은 고액의 물건을 구매할 때는, 상품의 현재 가격에만 머무르지 않고 유지 비용과 몇 년 후의 리세일 가치까지 생각하는 넓고 깊은 시야가 필요하다는 교훈을 얻을 수 있다.

참고로, 부자들이 리세일 가치를 반드시 고려하는 쇼핑 품목으로는 고급 손목시계, 명품 가방, 보석류 등도 있다.

부자들의 돈 계산

비싼 물건을 살 때는 당장의 지출만 신경 쓰는 것이 아니라 유지비와 리세일 가치까지 고려한다.

08
적당히 괜찮은 것이 아니라
가장 좋은 것을 산다

"왜 그 가방을 사야겠다고 생각했어요?"

아웃렛에서 비즈니스 가방을 산 적이 있다. 어느 날 한 부자가 내 가방을 보며 물었다. 우연히 할인하는 걸 보고 가격이 싸길래 산 터라 "특별한 이유는 없고, 그냥 이 정도면 괜찮을 것 같아서 샀습니다" 하고 대답했다. 그러자 그는 이렇게 지적했다.

"타협해서 돈을 쓰면 자신이 산 물건에 애착이 생기지 않아요. 결과적으로 지출이 증가하죠."

알기 쉬운 예가 '비닐우산'이다. 나는 부자의 집에서 비닐우산을 본 적이 없다. 자신이 가치를 느낀 상품에만 돈을 쓰는 부자들은 대부분 3,000엔 이상 하는 고가의 우산을 오래도록 아껴 쓴다. 반면 비닐우산은 500엔 정도의 저렴한 가격으로 언제든지 살 수 있어 대수롭지 않게 여겨진다. 어딘가에 두고 오더라도 신경 쓸 필요가 없다. 하지만 500엔짜리 비닐우산도 6개를 사면 3,000엔이 된다. 계속 잃어버리면 3,000엔짜리 우산을 사는 것보다 지출이 더 커지는 셈이다.

애착 없는 물건이 지출을 늘린다. 모든 도구는 필요한 장소에서 제 역할을 다할 때 비로소 가치가 생긴다. 자신이 아끼는 우산을 가지고 있으면 언제 어디에서 그 우산을 사용할지 의식적으로 생각하게 되고, 우산을 잃어버리는 일도 현저히 줄어든다.

부자는 애착이 가는 물건을 제대로 사용해 불필요한 지출을 줄인다.

소득 10퍼센트 올리기보다 지출 10퍼센트 줄이기가 쉽다

소득은 그대로인데 물가는 오르고 세금 등의 부담은 늘고 있는 오늘날, 우리는 지출을 더 꼼꼼히 관리해야 하는 시대를 살고 있다. 무작정 절약하고 참으라는 말이 아니다. 부자들처럼 자신이 가치를 느끼는 것에만 소비해야 한다는 뜻이다.

"소득을 10퍼센트 늘리기는 어렵지만 지출을 10퍼센트 줄이기는 쉽다"고 한 부자가 말했다. 말 그대로 들어오는 돈보다 나가는 돈이 훨씬 컨트롤하기 쉽다.

예를 들어, 어느새 정기 지출이 된 구독형 서비스 가운데 거의 이용하지 않는 것은 없는가? 3개월에서 반년에 한 번씩은 이를 점검하고 불필요한 서비스는 해지해야 한다. 대부분의 부자는 이러한 수고를 아끼지 않는다.

만약 한 달에 지출 1만 엔씩 줄일 수 있다면, 1년에 12만 엔, 10년에 120만 엔, 30년에 360만 엔의 돈을 절약할 수 있다. 이렇게 절약한 돈의 일부 또는 전부를 금융 투자로 돌리고 세월에 걸쳐 늘려 가면 특별히 뭔가를 더 하지 않아도 목돈이 생긴다.

부자들은 돈을 쓸 때 '이거면 된다'가 아니라 '이것이 좋다'는 기준으로 상품이나 서비스를 선택한다. 이것이 내가 부자들에게 배운 절약의 요령이다.

'이거면 된다'라는 말에는 '사실은 다른 것이 좋지만 어쩔 수 없으니 이걸로 해 둔다'라는 타협의 뉘앙스가 담겨 있다. 그런 마음으로 돈을 쓰면 상품이나 서비스에 애착이나 만족을 느끼지 못하고 비닐우산의 예처럼 결과적으로 지출이 늘어나게 된다. 반대로 '이것이 좋다'라는 말에는 가치에 대한 평가, 본인 의사에 따른 판단이 따르기 때문에 상품이나 서비스에 애착이 생기고 만족을 느낄 수 있다.

평소 생활 속에서 '이거면 됐다'라고 생각하면서 쇼핑하는 사람은 이제부터 '이것이 좋다'라고 바꾸어 말해 보자. 표현만 바꾸어도 자신이 쓴 돈에서 가치를 느끼기 쉽고 만족이 커진다. 이는 불필요한 지출을 줄이는 결과로 이어진다.

부자들의 돈 계산

저렴한 가격을 보고 '타협'해 소비하면 결국 지출이 늘어난다. '가치'를 기준으로 선택하면 애착과 만족이 커지고 낭비를 막을 수 있다.

09
부자가
돈을 쓰는 순서

한 부자에게 돈을 아끼지 않고 쓰는 물건이 무엇인지 물었더니 '침대와 베개'라고 대답해 놀란 적이 있다. '하루 중 가장 오래 쓰는 물건부터 차례로 돈을 들일수록 만족도가 높아지기 때문'이라고 한다. 이처럼 매일 가장 오래 사용하는 물건부터 순서대로 투자하면 일상의 만족과 행복이 커진다는 사고방식을 '컴포트 원칙'이라고 부른다.

어떤 물건을 가장 오래 많이 쓰는가?

내 경험으로는, 생활 만족도가 낮다고 말하는 사람일수록 평소 잘 사용하지 않는 명품 가방 같은 물건을 많이 가지고 있는 것 같다. 침대와 베개에 신경 쓰는 부자들은 "겉모습을 꾸미는 데 돈을 쓰고 싶은 마음은 이해하지만, 돈을 쓰는 순서가 잘못됐다"라고 말한다.

명품을 아무리 바라본들 몸의 피로는 풀리지 않는다. 하루의 피로를 풀기 위해서는 매일 6~8시간 사용하는 침대, 침구류, 잠옷 등에 투자하는 편이 만족도가 높다. 재택근무를 하는 사람이라면 오랜 시간 사용하는 의자와 책상에 돈을 들이는 것이 현명한 돈 사용법이다.

가족과 집에서 보내는 시간이 긴 사람은 거실 가구 등에 우선 돈을 써야 한다. 상상해 보자.

명품 옷과 가방이 벽에 걸려 있는 방에서 몸에 맞지 않는 의자에 앉아 낮은 테이블에서 식사하고, 느린 스마트폰에 짜증을 내면서 불편한 침대로 향하는 생활이 있다. 한편 벽에는 아무것도 걸려 있지 않지만, 몸에 맞는 가구에서 식사를 마친 뒤 편리한 스마트폰을 손에 들고 쾌적한 침대로 향하는 생활이 있다.

매일 느끼는 만족은 후자가 더 크다는 것을 한눈에 알 수 있다.

많은 IT 기업 경영자가 새로운 모델이 나올 때마다 최신 스마트폰으로 바꾼다고 한다. 스마트폰이 매일 긴 시간 사용하는 물건이라는 점을 인식하고 있으며, 여기에 돈을 쓰는 것이 스트레스를 줄이고 만족도를 높인다는 사실을 알고 있기 때문이다.

누구에게 어떤 물건이 중요한가?

가족과 함께 사는 사람은 가족 구성원들이 오래 머무는 장소와 사용하는 물건을 생각하는 것이 중요하다.

우리 가족 가운데 나는 '작업 공간'에서, 아내와 아들은 '거실'에서 주로 시간을 보낸다. 마침 집을 수리할 시기이기도 했기에 방을 하나 없애고 거실을 넓혔다. 덕분에 아내와 아들의 만족도가 크게 높아졌다. 거실 옆에 작업 공간을 마련하면서 나의 만족도 역시 올라갔고, 가족이 거실에 모이는 시간도 늘었다.

오랜 시간 사용하는 물건도 가족 구성원마다 다르다. 나는 일을 하기 위한 '책상', 아내는 집안일하면서 한국 드라마를 보기 위한 '소파', 아들은 좋아하는 스타워즈 시리즈를 큰 화면으로 보기 위한 'TV'가 각각 오랜 시간 사용하는 물건이다.

매일 긴 시간 사용하는 물건부터 순서대로, 타협 없이 만족스러운 것을 선택하면 그 물건을 더 소중히 여기게 되고 일상의 행복도 커진다.

💰 부자들의 돈 계산

하루 중 오랜 시간을 보내는 장소와 물건부터 순서대로 돈을 쓴다. 일상의 만족이 커지고 보다 쾌적한 생활을 할 수 있다.

가족을 위해 돈을 벌었다면 가족을 위해 써라

　도호쿠 지방에 사는 70대 A씨는 고향에서 취업해 두 자녀를 낳고 기르며 정년까지 일했다. 주위 사람 대부분은 고등학교를 졸업하고 곧바로 취직했지만, A씨는 도쿄에 있는 대학에 진학했다. 고향에서는 상당히 눈에 띄는 존재였다. 대학을 졸업하고 고향으로 돌아온 그는, "솔직히 다들 좀 우습게 보였어요"라며 당시를 떠올렸다. 도쿄에서 공부한 자신은 시골 사람들보다 아는 게 많다는 자부심이 있었던 듯하다.

　한편, 돈에 관해서는 대학 시절 낭비를 일삼던 친구를 반면교사로 삼아 될 수 있으면 쓰지 않고 모아야 한다는 신념이 완전히 굳어져 있었다. 식사는 늘 전업 주부인 부인이 준비했고 외식은 전혀 하지 않았다. 가족 여행도 사치라고 여겨 평생 단 한 번밖에 가 본 적이 없으며, 기독교인이 아니라는 이유로 아이들에게 크리스마스 선물을 준 적도 없다.

아이들에게 읽어 주던 책은 언제나 《개미와 베짱이》. '놀기만 하다간 나중에 큰일 난다'를 입버릇처럼 말했다. 아이들이 어디 놀러 가자고 해도 "노후에 우리 가족이 돈 때문에 고생하면 안 되니까"라며 늘 거절했다고 한다.

정년을 맞이하고 보니 어느새 자녀들은 취직해 다른 지역에서 살고 있었다. 쓸데없이 돈을 쓰게 된다며 가족이 함께 지역 축제 같은 행사에 참여한 적도 없었기에 자녀들은 고향에 대한 추억이나 애정이 없었고, 본가에도 좀처럼 찾아오지 않았다고 한다. 나중에는 그의 아내마저 집을 떠났다.

A씨는 경제적인 어려움은 전혀 없었지만, 온 가족이 뿔뿔이 흩어져 몹시 낙담한 상태였다. "제가 뭘 잘못한 걸까요?"라며 A씨가 상담을 청해 왔다. 돈을 써야 할 때와 쓰는 방법 등을 되돌아보며 이유를 설명할 수도 있었다. 하지만 미래를 긍정적으로 생각하길 바라는 마음에, 내가 부자들에게 배운 '과거의 실수에서 배우고 미래에 투자하는 돈 사용법'을 조언하기로 했다.

부자들은 돈에 관한 과거의 실수나 실패를 후회하는 데서 머무르지 않고 그 원인을 분석한다. 그렇게 해야 다음에 같은 상황을 겪더라도 더 나은 선택을 할 수 있기 때문이다. 한두 번의 경험으로는 어렵더라도, 실패를 꾸준히 분석하다 보면 언젠가는 잘 해내는 감각을 터득할 수 있다.

나 역시 30대에 처음 영업일을 하면서 성과가 잘 나오지 않아 정신적으로 크게 위축됐던 시기가 있다. 그러나 부자들의 사고방식을 배우고 실천해 방법을 터득한 후에는 오히려 기꺼이 실패 경험을 받아들일 수 있게 됐다.

A씨에게 다음과 같이 조언했다.

"지금부터라도 자녀와 손자에게 돈을 써 보는 건 어떨까요?"

노후 자금은 충분하니, 이제는 그 돈을 가족과 함께 추억을 쌓는 데 쓰는 것이 좋겠다고 생각했다.

부자들은 "가장 큰 성과와 보람을 얻을 수 있는 투자처는 자녀"라는 말을 자주 한다. 아이들은 소중한 추억을 만들어 줄 뿐만 아니라 언젠가는 자신의 자산을 물려받을 존재이기도 하다. 자신보다 뛰어난 인재로 자라길 바라며 투자한다면 훗날 반드시 그 결실이 돌아온다.

이 이야기를 떠올리며 A씨에게 말했다.

"지금까지 살면서 쌓아 온 노하우와 배운 것들을 조금이라도 다음 세대에 전해 보시는 건 어떠신가요?"

현재 A씨는 자녀들이 사는 지역에 정기적으로 찾아가 자녀와 손주들을 만난다. 처음에는 낯설어서 만날 때마다 울던 손주도 이제는 함께 사진을 찍어 준다고 한다. "언젠가는 아내와 함께 손주들을 보러 가고 싶습니다"라며 긍정적으로 생각하는 A씨의 모습을 보고, 정말 다행이라고 느꼈다.

2장

부자는 돈과 심리를 구분한다

돈을 부르는 마인드

10
행동 경제학은
부자를 설명할 수 없다

　부자들의 '합리적인 돈 사용법'을 알아도 막상 이를 실천하기는 쉽지 않다. 우리는 무심코 기능은 똑같은데 더 비싼 물건을 사거나, 필요하지 않은데 주변 사람들이 갖고 있으니 따라 사는 등의 비합리적인 판단을 내리곤 한다.

　한때 경제학에서는 '인간은 언제나 합리적으로 판단하고 행동한다'고 생각했으며, 개인도 기업도 정부도 최대의 이익과 최소의 손실을 추구하며 행동한다고 여겼다. 그러나 실제로 인간은 직감이나 감정에 좌우돼 비이성적인 행동을 하는 존재다. 이러한 비합리적인 행동을 일으키는 심리에 초점을 맞춰 경제의 움직임을 해석하는 학문이 '행동 경제학'이다.

행동 경제학은 주가와 환율 등 금융 시장의 움직임뿐 아니라 개인의 소비 행동과 같은 경제 전반의 흐름을 이해하는 데에도 매우 유용하다. 실제로 현대 사회의 마케팅 전략에도 폭넓게 활용되고 있다. 따라서 우리는 행동 경제학에 기반한 판매 전략에 의해 '비합리적인 판단과 행동'으로 유도되는 경우가 많다. 필요 없는 물건, 살 생각이 없던 물건을 사는 행위는 행동 경제학의 이론대로 행동했다는 뜻이다.

이는 반대로, 행동 경제학에 근거한 판매 전략에 휘둘리지 않으면 합리적인 판단과 행동을 할 가능성이 높아진다는 의미이기도 하다. 이를 실제로 보여 주는 사람들이 있다. 바로 부자들이다. 그들은 행동 경제학의 이론에서 벗어나 합리적인 판단과 행동을 하는 경우가 많다.

이번 장에서는 행동 경제학을 이해하는 동시에, 그 영향을 받지 않는 부자들의 '합리적인 판단을 위한 마인드'를 살펴볼 것이다.

프로스펙트 이론: 손실은 이익의 두 배로 느낀다

다음과 같은 장면을 상상해 보자.

길에서 1만 엔을 주워 주머니에 넣었는데, 잠시 후 그 돈을 잃어버렸다. 주운 돈이었지만 괜히 손해 본 기분이 들었다.

이 사례는 행동 경제학을 이해하는 데 중요한 심리학자이자 행동 경제학자인 대니얼 카너먼과 아모스 트버스키가 제안한 '프로스펙트 이론'으로 설명할 수 있다. 프로스펙트 이론이란, 불확실한 상황에서 의사 결정을 내릴 때 사실과는 다른 인식의 왜곡이 작용한다는 점을 설명한 의사 결정 모델이다. 의사 결정에는 객관적인 사실뿐 아니라 개인이 처한 상황도 영향을 미치기 때문에, 감정 등의 왜곡 때문에 합리적인 판단을 내리지 못하는 경우가 있음을 보여 주는 이론이다.

이 사례에서는 합리적으로 따져 보면 같은 금액을 얻었다가 잃었기 때문에 '이익'도 '손실'도 아니다. 그러나 1만 엔을 얻었을 때의 기쁨과 1만 엔을 잃었을 때의 아쉬움은 금액이 같더라도 심리적인 무게가 다르다.

연구 결과에 따르면, 같은 양의 '이익'과 '손실'을 비교할 때 사람들은 '손실'을 약 두 배 더 크게 느낀다고 한다. 따라서 실제로는 손해를 보지 않았더라도 '손해 본 기분'이 드는 것이다.

부자와 보통 사람의 결정적인 생각 차이

많은 사람이 이러한 감정의 왜곡을 지니고 있지만, 놀랍게도 부자들은 그렇지 않다. 물론 예외도 있지만, 부자들은 대체로 '이익'과 '손실'을 비교적 균형 있게 바라본다.

행동 경제학의 프로스펙트 이론을 공부한 나는, 조금 장난스러운 마음으로 사례와 같이 '1만 엔을 주웠다가 잃어버릴 경우'의 감정 변화에 대해 부자들에게 물어봤다. 그러자 대부분의 부자는 "결국 내 돈은 그대로이니 감정이 변할 이유는 없지요"라거나 "자산이 늘지도 줄지도 않았으니 아무렇지도 않아요"라고 담담하게 대답했다. 놀라울 만큼 합리적이었다. 이들은 1엔도 소중히 여기는 사람들이다. 따라서 단순히 돈이 많아 1만 엔을 대수롭지 않게 여기는 것이라고 볼 수는 없다.

나는 감정의 왜곡에 쉽게 흔들리지 않는 부자와, 그 영향을 크게 받는 평범한 사람 사이에 '돈을 바라보는 방식'의 차이가 있음을 깨달았다. 부자는 돈을 그저 '숫자'로 인식하는 반면, 보통 사람은 돈을 소중한 '물질'로 받아들인다. 부자는 평소 자산 관리와 금융 투자를 통해 돈을 단순히 숫자로 다루는 데 익숙하다. 따라서 숫자의 증감으로 감정이 흔들리지 않는다. 이와 달리 보통 사람은 돈을 지갑 속의 동전이나 지폐라는 귀중한 물질로 여기는 경향이 있다. 따라서 돈에 애착이나 소유욕이 생기고 감정의 왜곡에 쉽게 영향받는 것이다.

이 차이를 깨달은 나는 곧장 지갑 속 현금을 줄이고, 최대한 신용카드와 교통카드로 결제하기 시작했다. 그러자 신기하게도 돈을 그저 숫자로 받아들이는 감각이 몸에 배면서 '이익'이나 '손실' 때문에 감정에 휘둘리는 일이 크게 줄었다. 돈을 단순한 숫자로 인식하면, 감정에 좌우되지 않고 합리적인 판단을 내리는 데 도움이 된다.

부자들의 돈 계산

부자들은 행동 경제학의 이론을 뛰어넘어 합리적인 판단과 행동을 하는 경우가 많다. 돈을 '숫자'로 인식하면 감정의 왜곡을 쉽게 제어할 수 있다.

11

모두가 산다고
따라서 사지 않는다

 살 생각이 없던 물건인데, 주변 사람들이 갖고 있는 걸 보니 괜히 사고 싶은 마음이 들어 결국 지갑을 열었던 경험이 누구나 한 번쯤 있을 것이다.

 '사람들이 줄 서서 기다리는 가게가 그렇지 않은 가게보다 더 맛있을 것 같다.'
 '마트에 같은 종류의 상품이 있더라도, 많이 남아 있는 것보다 많이 팔린 상품이 더 좋아 보인다.'

 이 같은 심리도 마찬가지다. '모두가 가는 곳, 모두가 갖고 있는 것'이라는 안정감에 근거해 판단하는 것이다.

밴드왜건 효과: 주변과 같아지려는 경향

밴드왜건이란 퍼레이드의 맨 앞에서 행진을 이끄는 악대차를 뜻하며, 그 뒤를 따르는 사람들의 모습에서 '밴드왜건 효과'라는 이름이 유래했다고 한다.

거리에서 흔히 볼 수 있는 '우리 매장 인기 No.1', '아쿠타가와상 수상!', '누적 판매 1만 개!', '100만 다운로드 돌파!' 등의 광고도 밴드왜건 효과를 기대한 문구다.

길거리 광고뿐만 아니라 매장 안에서도 밴드왜건 효과가 활용된다. 예를 들어 음식점에서는 일부러 테이블 수를 줄여 혼잡하게 만들기도 한다. 매장 밖까지 줄을 서게 만들어 사람들이 '이 가게가 인기가 많구나'라고 느끼도록 하기 위해서다. 신규 매장을 열면 3개월 동안은 테이블 수를 줄인다는 음식점 주인도 있을 정도로 그 효과가 크다고 할 수 있다. 가짜 손님을 동원해 줄을 서게 만드는 것도 밴드왜건 효과를 활용한 마케팅 사례 중 하나다.

이처럼 거리에는 판매자의 다양한 전략으로 소비자가 의도치 않게 쇼핑하고 돈을 쓰게 되는 상황이 넘쳐난다. 대부분의 사람은 밴드왜건 효과를 인식하지 못한 채 이러한 행동으로 유도되는 셈이다.

스스로 정한 기준에 따라 행동하라

부자들은 스스로 정한 기준에 따라 행동하기 때문에 낯선 사람의 권유에 쉽게 흔들리지 않는다. 돈을 쓸 때는 주변의 잡음과도 같은 광고에 눈길도 주지 않고 목적지를 향해 곧장 나아가 빠르게 쇼핑을 마치는 경향이 있다.

시즌 세일에는 절대 가지 않는 부자에게 그 이유를 묻자 그는 '광고 때문에 감정이 흔들리면 합리적인 판단을 내릴 수 없기 때문'이라고 답했다. 충동적으로 구매한 물건은 자신의 기준이나 생활 방식과 맞지 않아 애착이 생기지 않고, 결국 잘 사용하지 않는 경우가 많다.

참고로 부자들은 대체로 줄서기를 싫어할 것 같지만, 줄을 서는 데 거부감이 없는 부자들도 있다. 한 가지 특징은 자신이 선두일 때만 줄을 선다는 점이다. 내가 아는 부자들은 언제나 호기심이 많다. 따라서 이미 사람들이 줄 서 있는 가게가 아니라 아직 아무도 줄을 서지 않은 새로운 가게를 찾아 그 선두에 서서 누구보다 먼저 정보를 캐치한다.

금융 투자도 마찬가지다. 부자들은 투자에 대해 활발히 이야기를 나누지만, 주변 사람들이 한다고 해서 무작정 따라 하지는 않는다. 한때 가상 화폐가 SNS에서 화제가 돼 사람들이 너도나도 투자할 때도 정보 수집이나 경험을 목적으로 한 일부를 제외하면 부자들은 곧바로 투자하지 않았다.

나도 부자들처럼 시즌 세일에 가지 않기로 했다. 또한 광고의 유혹에 노출되지 않기 위해 '살 만한 물건이 있는지 둘러보러 매장에 가는 일'은 그만뒀다. 사고 싶은 물건이 있을 때만 그 물건을 사러 가거나 필요한 정보를 얻기 위해 매장에 가되 아무것도 사지는 않는, 두 가지 선택 중 하나만 하기로 마음먹었다.

광고나 매장 앞에 늘어선 줄을 볼 때마다 밴드왜건 효과를 떠올리며 '어떤 방식으로 사람의 감정을 흔들려는 걸까?'라고 생각하자 훨씬 냉정한 판단을 내릴 수 있게 됐다.

🔶 부자들의 돈 계산

광고와 매장 앞에 선 긴 줄은 밴드왜건 효과를 노린 판매 전략이다. 물건을 구매할 때는 감정을 통제하고 자신의 판단에 집중하자.

12

이번에 사지 않으면
정말 손해를 볼까?

'선착순 100명 한정'

'단 7일간 할인!'

'지금이 최저가'

'가격 인상 임박'

이런 광고 문구를 보고 예정에 없던 소비를 한 적이 있는가?

손실 회피 성향: '놓치면 손해'에 쉽게 반응하는 심리

지금이 아니면 구할 수 없다는 불안과 싸게 살 기회를 놓치고 싶지 않다는 마음을 교묘하게 자극해 구매 욕구를 불러일으키는 것이 손실 회피 성향을 이용한 전략이다. 가전 매장과 결제 서비스 등에서 흔히 보이는 '기간 한정 포인트 지급' 역시 기한이 만료되기 전까지 다음 구매를 재촉하는 장치다.

앞서 소개한 대니얼 카너먼과 아모스 트버스키는 다음 실험을 통해 손실 회피 성향을 입증했다.

질문 1. 당신의 눈앞에 두 가지 선택지가 있다.
A: 무조건 100만 엔을 받는다.
B: 동전을 던져서 앞면이 나오면 200만 엔을 받지만, 뒷면이 나오면 아무것도 받지 못한다.

질문 2. 당신에게는 200만 엔의 부채가 있고, 두 가지 선택지가 제시됐다.
A: 무조건 부채가 100만 엔 감액돼 절반이 된다.
B: 동전을 던져 앞면이 나오면 부채 전액 면제, 뒷면이 나오면 부채는 그대로다.

질문 1에서는 대부분의 사람이 확실하게 이익을 얻는 'A'를 선택한다. 반면 질문 2에서는 질문 1에서 A를 선택한 사람이라 하더라도 위험이 큰 B를 선택하는 경우가 많은 것으로 나타났다.

이 결과가 의미하는 바는 사람은 눈앞에 이익이 있을 때 이익을 놓칠 위험을 피하기 위해 안전한 선택을 선호한다는 것이다. 또한 사람은 손실 상황에 놓이면 손실을 피하기 위해 위험도 감수하는 경향이 있다는 것이다.

앞에서 소개한 프로스펙트 이론의 설명대로, 사람은 이익을 얻었을 때의 기쁨보다 손해를 봤을 때의 충격을 더 강하게 느끼므로 가능한 한 손해를 피하려고 한다. 참고로 이 성향을 이용한 서비스 중 하나가 '전액 환불 보장'이다. '구입 후 만족하지 못하면 전액 환불해 드립니다'라는 문구가 있으면 손해를 볼 위험이 없어지기 때문에 소비자의 구매 장벽이 크게 낮아진다.

필요한 물건을 필요할 때 사라

한 부자에게 손실 회피 성향에 대한 의견을 물었더니 그는 단호하게 되물었다.

"싸게 사지 못한 것이 과연 손해일까요?"

필요한 물건은 필요할 때 구매하는 것이 가장 큰 만족을 주기 때문에, 나중에 가격이 낮아지더라도 전혀 마음이 쓰이지 않는다고 했다. 부자들의 소비 방식과 마음가짐은 근본적으로 다르다는 것을 알 수 있다.

나 역시 손실 회피 성향을 이용한 광고에 휘둘리지 않도록 철저히 마음을 다잡은 덕분에 불필요한 소비가 눈에 띄게 줄었다.
광고를 보고 마음이 흔들릴 때는 잠시 멈춰서 스스로에게 물어보자.

'반드시 선착순 100명 안에 들어야 하는가?'
'반드시 7일 안에 사야 하는가?'

'반드시'인지 물으면 자신이 없어지면서 '그 정도는 아닌데'라는 마음이 드는 경우가 많다. 그럴 때면 광고에 휘둘려 낭비의 문턱에 서 있었다는 사실을 깨닫게 된다.
참고로 손실 회피 성향은 소비자가 유리하게 활용할 수도 있다.

얼마 전 세탁기를 사러 가전 매장에 갔을 때의 일이다. 세탁기를 담당하는 직원에게 세탁기와 냉장고 중 하나를 살 생각이라고 말해 봤다. 그러자 그 직원은 눈앞의 고객이 냉장고를 사면 자신에게 손해라고 느꼈는지, 손실 회피 성향이 작용해 먼저 가격 할인과 서비스를 적극적으로 제안해 왔다.

사람은 이익보다 손해에 더 민감하게 반응한다는 것을 알 수 있다.

📕 부자들의 돈 계산

돈을 쓸 때는 '지금 꼭 필요한가?'를 생각해 본다. 광고에 현혹돼 낭비하는 일이 훨씬 줄어들 것이다.

13

이미 쓴 돈에
얽매이지 않는다

뷔페에 가면 배가 불러도 '돈을 냈으니 조금만 더 먹자'라는 생각에 과식하고 만다. 이처럼 '기왕 돈을 냈으니'라는 생각에 계획하지 않았던 행동을 하는 사람이 적지 않다.

매몰 비용 효과: 쓴 돈만큼 만회하려는 심리

매몰 비용이란 이미 지출해 회수할 수 없는 비용을 뜻한다. 도박을 예로 들면, 계속 돈을 잃고 있으면서 '다음에는 이길지도 모른다'는 심리로 베팅을 이어 가다가 결국 손실을 키우는 경우가 있다. 매몰 비용 효과가 작용한 대표적인 사례다.

손실 회피 성향으로 설명한 '전액 환불 보장' 상품과 서비스에도 매몰 비용 효과가 숨어 있다. 반품할 수 있다는 사실을 알면서도, 지금까지 그 서비스나 상품을 사용하는데 들인 시간이 아까워 계속 사용하는 것이다.

정액 요금제로 이용하는 동영상 서비스도 마찬가지다. 매달 자동으로 빠져나가는 돈은 되돌릴 수 없으므로 결제한 금액만큼 만족을 얻으려다 볼 생각이 없던 영화와 드라마까지 보게 되고, 결국 시간을 허비하고 만다.

부자는 다르다. 동영상 서비스는 자신이 보고 싶은 영화나 드라마만 시청하고 그 외에는 아예 쳐다보지 않는다. 돈보다 시간을 중요하게 여기는 부자들은 자신이 정말 필요하거나 만족하는 것에만 돈을 쓸 뿐, 이미 쓴 돈이 아깝다고 억지로 시간을 쓰지 않는다.

본전을 찾기보다 새로운 가치를 찾아라

도박과 마찬가지로 매몰 비용 효과에 빠지기 쉬운 분야가 바로 투자다. 주식 등에 투자했는데 손실이 발생한 경우, 투자 자산을 매도해 손실을 확정하는 것을 '손절'이라고 한다. 그러나 매몰 비용 효과에 빠지면 '돈을 들였는데 원금도 회수

하지 못하면 아깝다', '다시 오를지도 모른다'와 같은 심리 때문에 손절하지 못하고 손실이 커질 수 있다.

투자 경험이 풍부한 부자들은 이러한 사태를 피하기 위해 '손실이 얼마 이상이면 매도', '주가가 얼마가 되면 매도'와 같은 원칙을 사전에 세워 둔다. 감정에 휘둘리지 않고 합리적인 판단을 내려 손실을 줄이려는 것이다.

한 부자와 매몰 비용 효과를 이야기하던 중 그가 이렇게 말했다.

"만약 아깝다고 느낀다면, 이미 돈을 낸 서비스에서 본전을 찾으려 하지 말고 그 시간을 다른 일에 들여 새로운 가치를 얻는 편이 낫지 않을까요?"

충분히 참고해 볼 만한 생각이다.

더 많은 기회를 보는 사람들의 비결

매몰 비용 효과는 과거의 행동이나 이미 지불한 대가를 떠올리며 '아깝다', '본전을 찾아야 한다'는 감정에 흔들릴 때 나타나는 현상이다. 나는 부자들에게 배운 대로 미래를 향해 시선을 돌렸다. 그러자 놀랍게도 매몰 비용을 신경 쓰지 않게 됐다. 뭔가를 그만둘 때 아깝다거나 손해라고 느끼는 대신, 그만두면서 얻을 수 있는 미래의 이익에 집중하게 된 것이다.

이 원리는 이직에도 적용할 수 있다. 오랜 시간 쌓아 온 인간관계를 잃는 것이 아까워 내키지도 않는 업무를 계속하는 사람들이 있다. 하지만 그럴수록 직장을 옮겼을 때 얻을 수 있는 이점으로 눈을 돌리는 것이 중요하다. 새로운 인간관계를 시작하기란 쉬운 일이 아니지만, 조직 운영 방식과 기업 문화의 차이에서 얻을 수 있는 것이 많고, 미래의 선택지를 넓힌다는 점에서 큰 메리트가 있다.

돈을 쓸 때도 마찬가지다. 지금까지 들인 돈과 시간보다 앞으로 사용할 돈과 시간이 미래에 더 큰 가치를 가져다준다고 생각하는 것이 좋다.

부자들의 돈 계산

중요한 것은 지금까지 쓴 돈이 아니라 앞으로 쓸 돈이다. 미래에 투자할수록 더 큰 이익을 얻을 수 있다.

14
할인 상품은 정가가 아닌 상품 가치로 판단한다

가전 매장에서는 정가에 취소 선을 긋고 그 옆에 할인된 가격을 표시해 특가 상품임을 나타내는 경우가 적지 않다. 예를 들어, 전자레인지 코너에 다음과 같은 상품이 진열돼 있다고 가정해 보자.

제품 A: 정가 4만 5,000엔
제품 B: 정가 5만 3,000엔 ⇨ 특가 3만 3,000엔(2만 엔 할인)
제품 C: 정가 3만 엔

크기와 성능이 같다면 할인 혜택 때문에 많은 사람이 '제품

B'를 선택할 것이다. 이는 행동 경제학에서 말하는 '앵커링 효과'를 노린 전략이다.

앵커링 효과: 처음 정보에 사고가 흔들리는 현상

앵커링(anchoring)이란 본래 닻으로 배를 물 위에 고정하는 것을 뜻한다. 이에 착안해 행동 경제학에서 생겨난 말이 앵커링 효과다.

가전 매장의 사례에서는 정가가 앵커가 돼 특가 상품이 훨씬 저렴하게 느껴진다. 인간은 처음 제시된 정보에 끌려 판단을 내리는 경향이 있다. 이것이 바로 앵커링 효과다.

앞서 예로 든 전자레인지 제품을 부자의 시선으로 보면 다음과 같다.

제품 A: 4만 5,000엔
제품 B: 3만 3,000엔
제품 C: 3만 엔

부자들은 판매 가격을 나란히 놓고 각 제품이 지닌 가치를 비교한 뒤 만족스러운 제품을 구매한다. 크기와 성능이 같다면 주저 없이 제품 C를 선택할 것이다.

한 부자가 자녀의 생일 선물을 사면서 앵커링 효과를 느낀 경험을 들려줬다.

초등학교 5학년인 아들에게 "생일 선물로 어떤 게 갖고 싶어?" 하고 묻자, 아들이 "이거!" 하며 5만 엔이나 하는 레고 블록을 가리켰다. 열한 살에게는 너무 이르다고 생각해 "이건 조립하기도 어렵고 가격도 비싸" 하고 답했더니 아들은 "그럼 이거!"라며 2만 엔짜리 레고 블록을 보여 줬다. 먼저 본 레고보다 싸다고 느껴 무심코 "그래, 좋아"라고 대답할 뻔했다고 한다. 하지만 초등학생에게는 너무 비싼 선물이라는 생각이 들어, 적절하다고 판단한 다른 가격의 상품을 사 줬다고 한다.

이 부자의 이야기에는 앵커링 효과에 속지 않기 위한 힌트가 있다. 바로 '정보 늘리기'다. '5만 엔 상품'이라는 정보를 본 다음 '2만 엔 상품'을 보니 싸게 느껴져 이득이라고 착각했지만, 여기에 '초등학교 5학년 아이에게 주는 선물의 적정 금액'이라는 정보를 추가하자 냉정한 판단을 할 수 있게 된 것이다.

그래서 나는 돈을 쓰기 전에 정보를 늘리고자 '이 돈으로 다른 무엇을 얻을 수 있을까'를 생각하기로 했다. 그 결과 사회 초년 시절부터 해 오던 해외 축구팀의 유니폼 수집 버릇을 그만둘 수 있었다.

그때까지 나는 정기적으로 해외에 가는 지인에게 유니폼을 사다 달라고 부탁하곤 했다. 내가 직접 가서 사는 것보다 해외에 가는 사람이 대신 사 오는 편이 비용이 더 적게 들기 때문에 당연히 이득이라고 생각한 것이다. 그러나 그 돈이면 가족과 즐거운 시간을 보낼 수 있다는 사실을 깨닫자 유니폼 수집 자체를 그만두게 됐다.

이처럼 다른 시각으로 바라본 정보를 더하면 보다 합리적이고 냉정한 판단을 내릴 수 있게 된다.

💰 부자들의 돈 계산

돈을 쓸 때는 처음 제시된 정보에 현혹되지 않는다. 상품의 적정 가격을 파악하고 그 금액으로 다른 무엇을 할 수 있을지 생각하면 보다 합리적인 판단을 내릴 수 있다.

15

성공률 90퍼센트와 실패율 10퍼센트

 수술이 필요한 병에 걸렸다고 가정해 보자. 의사가 "이 수술은 성공할 확률이 95퍼센트입니다"라고 말하는 것과 "이 수술은 실패할 확률이 5퍼센트입니다"라고 말하는 것 중 어느 쪽이 더 안심될까? 대부분의 사람이 전자일 것이다.

 성공률 95퍼센트와 실패율 5퍼센트는 같은 확률이지만, 그 표현이 주는 느낌은 사뭇 다르다.

프레이밍 효과: 표현에 따라 결정이 달라지는 현상

 프레이밍 효과는 같은 의미의 정보라도 어디에 초점을 맞추느냐에 따라 전혀 다른 의사 결정을 하도록 만든다. 따라서 상품이나 서비스를 판매할 때 다양하게 활용된다.

예를 들어 다음 카피 문구 중 어떤 제품이 더 매력적으로 느껴지는가?

고객 만족도 90퍼센트 vs. 고객 불만족도 10퍼센트
계약자의 90퍼센트가 서비스 지속 vs. 계약자의 10퍼센트가 서비스 해지
자외선 99퍼센트 차단 vs. 자외선 1퍼센트는 차단 불가능

말할 필요도 없이 대부분 전자일 것이다. '자외선 99퍼센트 차단'이라는 광고에서는 차단할 수 있다는 이득에 눈이 가지만, '자외선 1퍼센트 차단 불가능' 광고에서는 차단할 수 없다는 손해에 주목하게 된다.

프레이밍 효과는 상품 표기에도 활용된다. 예를 들어 영양제 성분 표기를 '5그램 함유'에서 '5,000밀리그램 함유'로 단위만 바꾸어도 함유량이 많아 보이는 인상을 준다.

가격 표기에도 프레이밍 효과가 응용된다. '연회비 5만 4,750엔'이라고 적는 대신, '하루 150엔, 매일 마시는 커피 한 잔 값'이라고 표현하면 소비자가 지갑을 열기 쉬워진다. 실제

로 많은 광고에서 가격을 세분화해 저렴하다는 이미지를 연출한다.

반대로 생각해 보라

부자는 프레이밍 효과를 간파하는 능력이 뛰어나다. 불필요한 소비의 위험을 철저히 배제하기 위해, 광고에 '고객 만족도 90퍼센트'라고 적혀 있어도 자신의 머릿속에서 이를 '불만을 가지는 사람이 10퍼센트 있다'라고 다시 인식하곤 한다.

또한 프레이밍 효과를 정확히 파악하기 위해서는 표현 방식에 신경 쓰지 않고 기댓값을 계산해 숫자로 인식하는 것이 효과적이다.

주변에 투자 이야기가 넘쳐나는 부자들은 소중한 자산을 지키기 위해 영업 멘트와 듣기 좋은 정보에 휘둘리지 않고 객관적인 시각으로 판단할 필요가 있다. 예를 들어 '50퍼센트의 확률로 600만 엔을 버는 투자'와 '20퍼센트의 확률로 1,500만 엔 버는 투자'를 비교하면 언뜻 보기에는 후자가 돈을 더 벌 것 같지만, 계산해 보면 기댓값은 모두 300만 엔으로 동일하다.

이처럼 부자는 소중한 자산을 지키기 위해 판매자의 표현이나 전략을 꿰뚫어 보는 방법을 알고 있다.

나는 그래픽 디자이너로서 광고 제작에 참여한 경험이 있기 때문에 프레이밍 효과를 파악하는 법을 배우고 나서부터는 광고의 숨은 의도를 읽는 일이 즐거워졌다.

예를 들어 '당류 10퍼센트 감소'라고 적혀 있으면, '90퍼센트의 당류는 그대로 남아 있구나' 하고 생각하고, '세 명 중 두 명이 사용한다'라고 적혀 있으면 '나머지 한 명은 무엇을 사용하고 있을까?' 하고 생각을 확장한다. 이렇게 광고의 이면을 읽기 시작하자 소비하기 전에 한 번 더 생각할 여유가 생겼고 결과적으로 더 합리적인 판단을 내릴 수 있게 됐다.

💰 부자들의 돈 계산

광고의 '이면'을 읽어 상품과 서비스의 진정한 가치를 파악한다. 돈을 현명하게 관리하려면 판매자의 의도와 전략을 읽어내는 능력이 필요하다.

16

할인율과
할인 금액

내 친구의 경험담이다. 친구는 전기 주전자를 사기 위해 A 매장에서 8,000엔짜리 상품을 본 뒤, 스마트폰으로 검색해 보니 역 건너편 B 매장에서 같은 상품을 7,500엔에 팔고 있다는 사실을 알게 됐다. 친구는 조금이라도 이득을 보기 위해 B 매장으로 가서 저렴하게 전기 주전자를 구입했다.

반년 후, 친구는 텔레비전을 바꾸기로 했다. 전기 주전자를 싸게 구입했던 B 매장에서 20만 엔짜리 상품을 본 뒤, 스마트폰으로 검색해 보니 이번에는 A 매장에서 19만 9,500엔에 팔고 있었다. 합리적으로 판단하면 500엔 저렴한 A 매장에 가는 것이 맞지만, 친구는 B 매장에서 텔레비전을 구매했다.

똑같이 500엔 차이가 나는데도, 전기 주전자를 살 때와 달리 텔레비전은 더 저렴한 매장으로 가지 않았다. 즉 8,000엔에서 할인되는 500엔과 20만 엔에서 할인되는 500엔은 그 가치가 다르다고 판단한 것이다.

민감도 체감성: 금액이 클수록 손익 인식이 둔해진다

내 친구의 사례뿐 아니라 부동산이나 자동차, 결혼식 비용 등 수백만에서 수천만 엔 단위에 이르는 지출을 할 때 몇만 엔 정도의 추가 옵션이 상대적으로 저렴하게 느껴지는 심리 현상도 민감도 체감성의 예다. 다루는 금액이 커질수록 돈에 대한 민감도가 떨어지는 것이다.

더 알기 쉬운 예로 고액 복권 당첨자를 들 수 있다. 복권 당첨으로 막대한 돈을 손에 넣은 사람은 돈에 대한 민감도가 극단적으로 떨어져 인생을 망치는 경우가 적지 않다. 당첨금을 낭비하고 파산하거나 사기와 같은 금전 문제에 휘말리는 등 오히려 불행해지는 사람도 많다.

그러한 불행을 방지하기 위해 복권을 발행하는 기관에서는 1,000만 엔 이상의 고액 당첨자에게 《'그날'부터 읽는 책》이라는 소책자를 제공한다. 여기에는 당첨금으로 '우선 대출을 상환한다'라는 '돈 사용법'부터, '일을 그만두지 않는다', '침착하게 마음을 가라앉힌다' 등 '큰돈이 생겼을 때의 마음가짐'이 실려 있다.

복권의 사례에서 알 수 있듯이, 사람은 이익이나 손실의 비중이 클 때는 그 차이에 민감하지만 비중이 작아지면 그 차이에 둔감해진다.

비율이 아닌 액수로 계산하라

일반적인 이미지와 달리, 대부분의 부자는 액수가 크든 작든 돈을 소중히 여긴다.

한 부자의 집을 방문했을 때 우연히 테이블 위에 놓인 해외여행 광고지와 고급 자동차 카탈로그를 봤다. 가격은 아래와 같이 적혀 있었다.

- 해외여행 200만 엔 ⇨ 180만 엔
- 고급 자동차 600만 엔 ⇨ 580만 엔

두 가격을 보고 나는 "이 해외여행 상품은 10퍼센트나 할인하니 더 이득이네요"라고 말했다. 그러자 그는 "왜 더 이득이

에요? 결국 할인 금액은 똑같잖아요" 하고 지적했다. 직관과는 반대되는 말이었지만, 곰곰이 생각해 보니 '그렇네' 하고 고개를 끄덕이게 됐다. 할인은 할인율이 아닌 할인 금액을 봐야 한다는 사실을 배웠다.

이러한 관점을 갖고 있기에 금융 자산이 1억 엔 이상인 부자라도 몇백 엔을 소중히 여길 수 있는 것이다. 그 후로 나는 돈의 움직임을 '비율'이 아닌 '액수'로 보게 됐고, 특히 자동차를 살 때 이러한 관점이 큰 도움이 됐다.

자동차를 사면서 시트 등의 부품 업그레이드와 내비게이션, 후방 카메라 등의 옵션을 선택해야 했다. 본체 가격이 200만 엔을 넘다 보니 옵션 가격 몇만 엔은 대수롭지 않게 생각할 뻔했다. 하지만 곧 차분히 '금액'을 보면서 민감도 체감성에 휘둘리지 않고 필요한 옵션만 선택할 수 있었다.

덧붙여서, 돈에 관한 기사나 동영상을 보면 급여 대비 저축 비율, 집세 비율, 자산 중 투자 비율 등 '비율'을 기준으로 조언하는 경우가 많다. 그러나 부자들의 사고방식에 따르면 이는 잘못된 접근법이다. 급여가 오르면 월세가 높은 집으로 옮기고 투자액을 늘려야 한다는 규칙은 어디에도 없다. 현재 자신의 상황에서 저축, 월세, 투자에 얼마나 돈을 써야 할지는

'액수'로 판단하는 것이 더 합리적이다.

어떤 상황에서도 돈은 '액수'로 파악해야 한다. 이것이 부자에게 배운 돈을 소중히 여기는 방법이다.

💵 부자들의 돈 계산

돈의 움직임은 '비율'이 아니라 '액수'로 파악한다. 특히 큰 금액을 지출할 때는 돈에 대한 감각이 둔해지지 않도록 주의한다.

17

수입이 늘어났다고
지출을 늘리지 않는다

"소득은 늘었는데 저축은 좀처럼 늘지 않아요."

이런 하소연을 하는 사람이 적지 않다. 특히 소득이 높을수록 이런 고민을 하는 사람의 비율도 더 높다. 왜 소득이 증가해도 저축은 그대로일까? 그 이유는 매우 단순하다.

라이프스타일 크립: 소득이 늘면 생활 수준도 오르는 현상
연봉이 오르고 실수령액이 늘어나면 품질이 좋고 값비싼 물건을 살 수 있게 된다. 자연스레 생활 수준도 높아지고 지출 역시 함께 늘어난다. 한 번 올라간 생활 수준에 익숙해지면 다음 승진이나 연봉 인상 때마다 생활 수준은 계속해서 높아진다. 수입이 늘어날수록 지출도 함께 증가한다면 저축이 좀처럼 늘지 않는 것은 불 보듯 뻔한 일이다.

이 변화는 서서히 진행되기 때문에 자신도 모르게 생활 수준이 올라가 있는 경우가 많다. 게다가 누진 과세 구조 때문에 소득이 많아질수록 납부해야 할 세금도 커진다. 이를 고려하지 않고 소비를 늘리면 연봉은 올랐지만 돈은 전혀 모이지 않는 상황에 빠지게 된다.

수입이 늘어나면 타인과 자신의 풍요로움을 비교하게 되고 그 과정에서 선망이나 질투의 감정을 느낄 때가 많아진다. 또한 큰 자산을 운용하고 관리하는 데에는 스트레스가 따르기 마련이어서 이를 해소하기 위해 오히려 더 많은 돈을 쓰기도 한다. 게다가 원하는 것은 무엇이든 손에 넣을 수 있게 되면 산 물건에 쉽게 싫증을 느끼는 경향도 나타난다.

이러한 심리는 심리학자 마이클 아이젠크가 제시한 '헤도닉 트레드밀 이론'으로 설명할 수 있다. 인간은 환경이 아무리 좋아져도 곧 익숙해지며 결국 원래의 행복 수준으로 되돌아간다는 내용이다. 예를 들어 매일 호화로운 식사를 하다 보면 어느새 익숙해져 싫증이 나고, 더 고급스러운 음식을 먹지 않는 한 만족감을 느끼기 어려워진다.

이처럼 소득 증가에 따른 생활 수준의 상승과 그 수준에 익숙해지는 심리적 적응은 소득이 높아진 사람이라면 누구나 겪을 수 있는 흔한 현상이다.

소득이 높아져도 생활 수준은 유지하라

여러 부동산에서 수입을 얻는 한 부자는 보유한 부동산이 늘고 월세 수입이 증가해도 생활 수준을 높이지 않는다. 그는 현재의 생활에 이미 충분히 만족하고 있으며, 생활 수준을 더 높인다고 해서 행복이 크게 늘지 않는다는 사실을 잘 알고 있기 때문이다.

세계적인 투자 회사를 이끄는 워런 버핏은 1958년에 3만 1,500달러에 구입한 네브래스카주 오마하의 집에 여전히 살고 있으며, 아침에는 항상 맥도날드에서 약 3달러짜리 식사를 한다고 한다. 생활 수준을 무작정 올리는 것이 아니라, 자신이 만족하는 생활을 유지하는 것이 합리적인 돈 사용법이다.

언뜻 생각하면 부자들은 호화로운 생활을 하며 그 생활 수준에 익숙해져 만족을 느끼지 못할 것 같지만, 실제로는 자신의 생활에 익숙해져 싫증을 느끼는 경우가 적다. 한 부자에게 그 이유를 물었더니, 여러 번 이용해 본 서비스라도 항상 새로운 점이 없는지 찾아보기 때문이라고 한다. 지불한 돈에서 조금이라도 더 많은 가치를 끌어내려는, 부자에게서 흔히 볼 수 있는 사고방식이다.

내가 일하던 회사가 상장했을 때, 많은 사람이 내게 '좋은 차 사지 그래?', '더 큰 집으로 이사 가야지'라며 생활 수준을 높이라는 조언을 했다. 하지만 부자들에게 배운 덕분에 생활 수준을 높인다고 그만큼 더 행복해지는 것은 아니라는 사실을 알고 있었다.

나는 산골 출신이라 애초에 아무것도 없는 것이 당연했다. 그 환경을 부끄럽게 여기지 않고 있는 그대로 받아들이며 어린 시절을 보낸 것도 영향을 미쳤을 것이다.

그래서 지금은 돈을 많이 쓰지 않아도 충분히 행복을 느끼며 살고 있다. 다만 익숙함에 젖어 무뎌지지 않도록 일상에서 늘 새로운 발견을 하려고 노력한다.

우리 가족은 아내가 예전에 캐스트로 일했던 디즈니랜드와 디즈니씨에 해마다 몇 번씩 놀러 간다. 주변 사람들은 그렇게 자주 가면 질리지 않냐고 묻지만, 갈 때마다 놀이공원과 호텔

곳곳의 그림, 소품, 기념품, 어트랙션 디자인 등에서 새로운 것을 발견한다. 질리기는커녕 여전히 새롭다는 사실에 오히려 감동할 정도다.

조금만 시선을 바꾸면 지출을 늘리지 않아도 삶의 만족과 행복을 끌어올릴 수 있다. 좀처럼 합리적으로 돈을 사용하지 못하는 사람도 행동 경제학을 이해하면 자신이 왜 광고와 마케팅 전략 등에 쉽게 넘어가는지 알 수 있다.

💰 부자들의 돈 계산
생활 수준을 높이기 전에 비용과 만족도의 균형을 고려한다. 생활 수준이 올라간다고 해서 반드시 행복해지는 것은 아니다.

칼럼

퇴직금으로 투자하고 한숨도 못 잔 은퇴자 이야기

　요즘은 서점에 가 보면 투자 관련 코너가 크게 마련돼 있을 정도로 시중에 자산 운용 정보가 넘쳐난다. 부모 세대와 비교하면 소득은 그대로인데 인플레이션으로 생활비는 오르고 세금 부담은 늘어나고 있다. 미래에 받을 수 있는 연금도 현재 가치로 환산하면 지금보다 낮아질 전망이다. 자신과 가족의 미래를 진지하게 생각해야 할 시기가 점점 다가오고 있다. 국가 역시 여러 제도를 마련해 국민이 금융 투자를 활용해 자산을 형성하도록 독려하고 있다. 그러나 NISA(일본의 소액 투자 비과세 제도—옮긴이) 계좌 수는 일본 인구의 약 10퍼센트에 불과하며, 이 중에는 계좌만 만들었을 뿐 아직 투자하지 않은 사람도 많다.

이처럼 투자 문화가 일상에 깊이 자리 잡지 못한 일본에서는 퇴직금을 계기로 투자를 시작하는 경우가 많다. 퇴직금이 은행 계좌로 입금되면 은행에서 투자를 권유하는 영업 전화가 오기도 한다. 이번에 상담을 진행한 B씨가 투자를 시작한 계기도 바로 영업 전화였다.

"퇴직금을 당장 사용할 필요가 없으시다면, 미래를 생각해서 운용해 보는 것은 어떠신가요?"
"미국 증시가 요즘 호황입니다. 최근 1년간 투자를 시작하신 분들 모두 상당한 이익을 보고 계세요."

B씨는 회사에서 부장으로 은퇴했다. 은행의 설명에 이해하지 못한 내용도 있었지만, 자신보다 스무 살은 어린 담당자에게 묻는 것이 내키지 않았다. 그래서 질문 없이 대충 이해한 상태로 당시 보유하고 있던 예금 중 당장은 쓸 일이 없다고 생각한 1,000만 엔을 투자하기로 결단했다.

운용 시작 다음 날, 스마트폰으로 확인해 보니 화면에는 3만 엔의 수익이 표시됐다. 단 하루 만에 한 달 용돈을 번 셈이라 B씨는 무척 기뻤다. 아내뿐만 아니라 지방에 사는 자녀들에게도 연락해 자랑했다. 그 후 자산이 늘어날 때마다 가족에게 수익률 화면을 캡처해 보냈는데, 보름이 지나고부터는 더 이상 자랑할 수 없게 됐다. 해외에서 전쟁이 일어나자 주가가 하락해 자산이 크게 줄었기 때문이다. 처음에는 그저 시장이 잠시 안 좋은 것뿐이라고 생각했지만, 날이 갈수록 자산이 줄어들자 점점 스트레스가 쌓여 마침내 밤에 잠을 이루지 못하는 지경에 이르렀다.

"밤새 주가가 내려갈까 봐 한숨도 못 자겠더군요."

투자가 처음인 사람에게서 흔히 볼 수 있는 모습이다.
 나도 이전 회사의 상장으로 큰 금융 자산이 생겼을 때 이와 비슷한 경험을 했다. 스마트폰의 증권 앱을 통해 매일 수십만 엔에서 수백만 엔 단위로 자산이 오르내리는 모습을 보면 상당히 조마조마했다. 그러나 나에게는 '무슨 일이 생기면 다시 일해서 벌면 된다'라는 마음의 여유가 있었다. B씨처럼 이미 은퇴한 후에는 그때까지 벌어 둔 돈으로 노후를 살아야 하므로 다시 벌면 된다는 생각을 갖기가 쉽지 않다.
 모처럼 자유로운 시간을 얻었는데, 운용 성과에 따라서 다시 일해야 할 수도 있다는 불안이 B씨에게 큰 스트레스로 다가온 듯했다. B씨가 내게 상담하러 온 시점에는 자산 평가액이 750만 엔까지 낮아져 있었다. 그는 여기서 더 떨어지면 견디기 힘들 것 같다고 말했다.

금융업계에는 '리스크 허용도'라는 개념이 있다. 이는 투자 수익률이 마이너스로 떨어졌을 때 개인이 감내할 수 있는 수준을 나타내며, 사람마다 다르다. 리스크 허용도 지표는 크게 두 가지로 나뉜다. 하나는 '투자 원금이 얼마나 줄어들면 생활에 지장이 생기는가'이고, 다른 하나는 '투자 원금이 얼마나 줄어들면 심리적으로 영향을 받는가'이다. 두 수치 중 작은 쪽이 그 사람이 감내할 수 있는 손실 범위를 나타낸다.

미래의 재정 상황을 시뮬레이션 해 본 결과, B씨는 자산 평가액이 600만 엔 아래로 떨어지지 않는 한 아내와 함께하는 노후 생활에는 문제가 없는 것으로 나타났다. 이 사실을 전하며 "자산 평가액의 변동을 심리적으로 견디기 어려우시면 지금이라도 일부를 현금화해 안정적인 자금을 확보하시는 것도 방법입니다"라고 조언했다. 결국 B씨는 운용 자산을 현금화하지 않았고, 600만 엔대까지 떨어지기도 했던 자산 가치가 점차 회복되면서 현재는 원금에 가까운 수준으로 돌아왔다.

참고로, 부자들은 리스크 허용도를 투자 경험으로 늘릴 수 있다고 생각해 자녀들이 어릴 때부터 소액 투자를 시작하도록 하는 경우가 많다. 자녀들에게 리스크를 낮출 수 있는 투자처를 구체적으로 권하기도 하는데, 대부분은 일본 기업이 아닌 미국 기업의 주식이다. 일본에서는 주식의 매매 단위가 기본 100주이지만, 미국에서는 1주부터 살 수 있어 적은 돈으로도 주식을 보유할 수 있다.

미국을 대표하는 기업의 주식도 1주씩만 보유한다면 이 글을 쓰는 시점 기준으로 12만 엔이 채 안 된다. 환율의 영향을 받긴 하지만, 100주 단위로 투자해야 하는 일본 주식과 비교하면 위험을 줄일 수 있다.

"리스크는 가능한 한 작게 시작해서 점차 익숙해지고, 자신이 그 스트레스를 감당할 수 있겠다는 확신이 들면 그때 서서히 늘려 가는 것입니다."

이 말은 내게 특히 도움이 돼 마음에 새긴 부자의 한마디다.

3장

부자는 미래의 돈을 계산한다

돈을 부르는 인생 설계

18

돈을 자유롭게
쓰기 위한 첫걸음

"자네 인생은 흑자인가?"

돈에 관해 배우기 시작했을 무렵, 한 부자가 내게 물었다. 선뜻 대답하지 못했다. 한 달 단위로는 흑자일 때도 있고 큰 지출 때문에 적자일 때도 있었지만, 인생 전체로 보면 흑자인지 적자인지는 한 번도 생각해 본 적이 없었다. 아무 말 못 하는 나를 보고 그는 이렇게 말했다.

"그렇다면 자네는 전조등을 켜지 않고 고속도로를 달리는 것과 다름없네."

그는 미래의 수입과 지출을 예측하지 않은 채 그저 시간의 흐름에 몸을 맡기며 살아가는 것은 '돈과 마주하고 있지 않은 것'이라고 지적했다. 자신이 평생 얼마나 돈을 쓸 수 있는지는, 평생 얼마나 벌 수 있는지 알아야만 대답할 수 있다.

평생 얼마를 쓸 수 있는가?

당신은 평생 쓸 수 있는 돈이 얼마인지 아는가? 나는 파이낸셜 플래너로서 지금까지 수많은 고객의 라이프 플랜을 상담해 왔지만, 이 질문에 바로 대답하는 사람은 아무도 없었다.

이 질문의 답을 모르는 것은, 극단적으로 말하면 '지갑에 돈이 얼마나 있는지 모르는 채 쇼핑하는 것'과 마찬가지다.

선술집에서 음식을 주문하는 상황을 떠올려 보자. 지갑에 1,000엔짜리 지폐가 한 장 들어 있다는 걸 아는 상태로 800엔짜리 음식을 주문하는 경우와 지갑에 얼마가 있는지 모르는 상태에서 같은 음식을 주문하는 경우, 어느 쪽이 마음이 편하겠는가? 당연히 전자다. 자신에게 얼마가 있는지 모르는 상황에서는 불안해서 주문조차 하지 못하는 사람도 많을 것이다.

그런데 눈앞의 작은 지출에는 민감하게 반응하면서도, 인생이라는 긴 여정의 수입과 지출에는 무관심한 사람들이 상당히 많다. '어떻게든 되겠지'라는 안일한 생각으로 주택 담보 대출을 받고 자동차를 사고 투자를 하기도 한다. 이보다 더 비이성적인 돈 사용법은 없을 것이다. 미래와 노후를 위해 돈을 저축하고 있다는 사람도 결국 자신이 언제까지 얼마를 모아야 하는지, 그 사이에 지출하게 될 돈은 얼마인지 정확하게 아는 사람은 놀라울 만큼 드물다.

부자가 세우는 라이프 플랜

부자들은 대부분 '평생 얼마의 돈을 쓸 수 있는가'라는 질문에 대략적으로라도 즉시 대답한다. 바로 이 점이 부자와 평범한 사람의 가장 큰 차이다. 나의 인생이 흑자인지 물었던 부자는 돈과 제대로 마주하고 싶다면 우선 라이프 플랜을 세워야 한다고 말했다. 라이프 플랜이란 '경제적 관점으로 바라본 인생 설계도'로, 평생의 수입과 지출을 시뮬레이션 해 세운다. 인생의 앞날을 내다보고 계획을 세우며 돈을 제대로 마주하기 위한 최적의 도구라고 할 수 있다.

라이프 플랜을 세울 때는 앞으로 받게 될 급여, 퇴직금, 연금, 금융 소득, 부동산 임대료 등의 '수입'과 일상생활에 필요한 '지출'을 기본으로 삼는다. 여기에 내 집 마련, 자동차 구입, 여행, 취미, 자녀 교육 등 자신이 꿈꾸는 미래를 실현하기 위한 자금과 질병이나 사고 등의 리스크에 대비할 자금을 어떻게 마련할지 계획을 더한다. 만약 자금이 부족하다면 꿈꾸는 미래를 현실에 맞게 조정하거나 자금 마련 방법을 다시 검토한다. 이렇게 라이프 플랜을 세우면 현재 상황을 기준으로 앞으로 돈이 얼마나 들어오고 나갈지 대략 파악할 수 있다.

"10년 후 자산은 얼마일까?"
"아이가 대학에 입학하는 해에 생활비를 포함한 지출은 얼마일까?"
"은퇴 후 노후를 맞이할 때 내 자산은 얼마일까?"
"노후 생활비를 감당하려면 얼마나 많은 자산을 모아야 할까?"

이러한 미래 재정에 관한 것을 모두 파악할 수 있게 된다.
또한 라이프 플랜을 설계하면 언제까지 얼마를 모을지 목표를 정할 수 있고 상황에 따라서는 굳이 저축하지 않아도 되는 시점까지 판단할 수 있다. 무턱대고 절약하거나 주식에 투자하며 하루하루를 보내는 것이 아니라 당신이 꿈꾸는 미래에 맞춰 '합리적인 저축과 지출 방법'을 계획할 수 있게 되는 것이다.

지금까지는 부자들이 실천하는 '돈 사용법', 행동, 습관 등을 구체적으로 살펴봤다. 이를 실천할 수 있는 토대가 바로 이 장에서 소개하는 라이프 플랜 설계다. 라이프 플랜 없이 부자들의 행동을 흉내만 내서는 돈을 모아 풍요로운 삶을 살기 어렵다.

라이프 플랜을 세우는 시기는 빠를수록 좋다. 만약 75세에 자산이 바닥난다는 현실을 정년 후인 65세에 알게 된다면 황급히 재취업 자리를 찾아야 할 것이다. 하지만 이를 35세에 알게 된다면 남은 40년간 일하는 방식이나 재정 운용 방식을 재검토하면서 다양한 대책을 세울 수 있다. 정년 후에 일할 필요가 없을지도 모른다. 라이프 플랜을 세우면 앞으로 자산을 얼마나 모아야 하는지, 이를 위해 몇 살까지 일해야 하는지 알 수 있다. 그러면 마음의 여유를 갖고 일할 수 있을 것이다. 라이프 플랜은 자신의 의지로 자신감 있게 결정하고 행동하며 자유로운 삶을 살아가는 데 큰 도움이 된다.

한 부자는 사람들이 라이프 플랜을 세우지 않는 현실을 두고 이렇게 말했다.

"라이프 플랜 없이 돈과 제대로 마주하지 않는 사람은 평생 돈에 시달리게 된다. 효과적인 돈 사용법을 모르는 탓에 점점 돈에 쫓기게 되는 것이다."

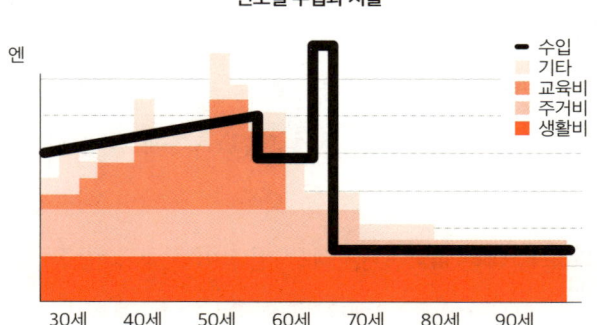

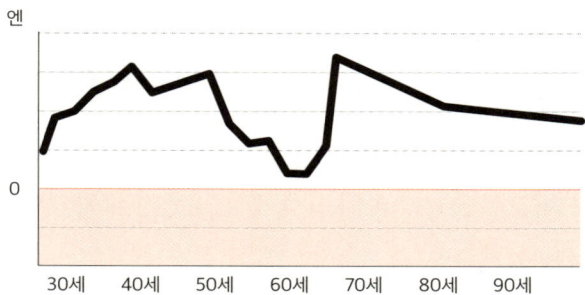

라이프 플랜 작성 방법

 간단한 라이프 플랜은 혼자서도 충분히 작성할 수 있다. 애플리케이션이나 인터넷을 통해 작성할 수도 있고, 엑셀 시트를 다운로드 해 직접 입력할 수도 있다. 마음에 드는 프로그램을 찾아 활용해 보자.

 파이낸셜 플래너와 같은 전문가의 도움을 받을 수도 있다. 부자들은 대부분 전문가의 조언을 중요하게 여기며, 라이프 플랜 작성도 파이낸셜 플래너 프라이빗 뱅커와 같은 전문가에게 맡기는 경우가 많다. 이번 기회에 여러분도 전문가와 상담해 보기를 권한다.

📦 부자들의 돈 계산

라이프 플랜을 세워 미래의 수입과 지출을 파악하면 합리적으로 돈을 쓰고 저축할 수 있다.

라이프 플랜 포인트
① 수입

라이프 플랜을 세울 때 큰 축 가운데 하나는 '수입'이다. 현재 수입은 물론 미래 수입의 변화까지 예측해 계산한다.

예상 수입은 적게 잡는다

미래 예상 수입은 보수적으로 적게 잡는 것이 포인트다. 실제 수입이 예상보다 적으면 계획을 대폭 변경해야 하기 때문이다. 자신이 꿈꾸는 미래도 실현하기 어려워진다.

회사원이라면 앞으로의 수입을 가늠하기 위해 나이 차가 나는 선배에게 급여 수준을 슬쩍 물어볼 수도 있다. 회사에 따라서는 직급별 급여 테이블이 공개돼 있기도 하니, 자신이 계획하는 커리어를 기준으로 어느 정도의 수입을 얻을 수 있는지 미리 확인해 두는 것이 좋다.

이 두 가지 방법이 어렵다면, 자신이 속한 업계에서 경력에 따른 평균 급여가 얼마인지 알아본다.

다시 말하지만, 라이프 플랜을 세울 때 수입은 조사한 금액보다 적게 잡는 것이 바람직하다. 동기 중 가장 빠른 속도로 승진한 사람이라도 앞으로 계속 그러리라는 보장은 없기 때문이다. 직급은 보수적으로 가정해 엄격하게 계산한다.

급여 외 수입도 점검한다

금융 소득과 부동산 소득 등 급여 외 소득도 수입에 포함해 계산한다. 물론 이 금액 역시 보수적으로 잡는다. 참고로 내가 만난 부자 중에는 군용지에서 부동산 수입을 얻는 사람이나 저작권료 수입을 얻는 사람도 적지 않다. 그 외에도 정기예금, 교육 보험, 연금 보험과 같은 금융 상품의 만기 지급금과 퇴직금도 일시금으로 계산해 포함한다.

더불어 노후 수입도 잊지 말아야 한다. 공적 연금뿐만 아니라 개인연금도 수령 시점에 맞춰 합산한다. 공적 연금은 50세

이상이 돼 일정 조건을 충족하면 '연금 정기 통지서'에 노령 연금 예상액이 기재되므로 이를 참고한다. (한국에서는 국민 연금공단의 홈페이지나 모바일 앱, 콜센터를 통해 예상 수령액을 확인할 수 있다.—옮긴이)

마지막으로, 부모님이나 조부모님께 나중에 받을 수 있는 증여나 상속도 미래 수입이 될 가능성이 있다. 다만 이는 확실하지 않으므로 수입에 포함하지 않는다.

이것이 바로 당신이 평생 얻게 될 돈의 전부다.

실제로 총액을 계산해 보면 '이렇게 많구나' 또는 '이렇게 적구나' 하는 기준을 얻을 수 있을 것이다. 그 금액이 바로 당신의 '평생 지갑 속 총액'이다. 액수가 많든 적든 지갑 속 총액을 아는 사람은 모르는 사람보다 훨씬 효과적으로 돈을 사용할 수 있다. 이처럼 자신의 평생 수입을 파악하고 준비하는 자세가 돈을 합리적으로 모으고 쓰기 위한 첫걸음이다.

부자들의 돈 계산

수입은 적게 잡는 편이 안전하다. '평생 지갑 속 총액'을 미리 알아 두자.

라이프 플랜 포인트 ② 지출

'수영장 딸린 저택에서 살고 싶다', '세계 일주를 하고 싶다'와 같이 언젠가 이루고 싶은 꿈과 희망은 누구에게나 있다. 그런 거창한 꿈이 아니더라도 '아이를 유학 보내고 싶다', '맛있는 음식과 패션을 맘껏 즐기고 싶다', '평생 취미 생활을 하며 살고 싶다' 등 저마다 바라는 이상적인 미래가 있을 것이다.

그런데 당신의 꿈과 희망을 이루려면, 돈이 얼마나 필요할까? 라이프 플랜을 세우기 전에는 나 역시 이 질문에 답할 수 없었다. '몇 살이 되면 이것도 하고 저것도 하고 싶다'라는 막연한 생각만 있었을 뿐, 그때 내가 얼마를 가지고 있을지, 매달 수입과 지출은 어떻게 될지, 얼마를 써도 괜찮을지는 전혀 떠올릴 수 없었기 때문이다.

정기 지출은 10퍼센트 크게 잡는다

라이프 플랜을 작성할 때 수입 다음으로 파악해야 할 것은 지출이다. 지출은 크게 정기 지출과 비정기 지출로 나뉜다. 이때 '한 달 지출'부터 시작해 '일 년 지출', '생애 단계별 지출' 순으로 기간을 넓혀 간다.

정기 지출의 대표적인 예는 주거비와 생활비다. 주거비의 경우, 전세나 월세라면 언제까지 그곳에 거주할지, 이사를 하거나 내 집을 마련할지 등을 계획한다. 주택 담보 대출이 있다면 이자가 얼마이고 몇 년 동안 상환해야 하는지, 재산세는 얼마나 되는지 등을 고려해 '평생 주거비'를 계산해 본다.

생활비는 식비, 통신비, 수도·가스·전기 요금은 물론 신용카드 결제나 자동 이체로 빠져나가는 항목까지 모두 점검해야 한다. 학원비나 가족 용돈처럼 현금으로 지출하는 항목은 기록이 남지 않아 놓치기 쉬운데, 모두 정기 지출에 포함한다. 만약 부모님과 멀리 떨어져 살며 정기적으로 찾아뵙는다면, 그때 드는 비용 역시 정기 지출로 계산한다.

취미에 쓰는 돈도 잊지 말아야 한다. 축구 팬인 한 고객은 자신이 좋아하는 팀에 대한 응원 예산을 1년에 10만 엔으로 정해 두었다. 그 외에도 뮤지컬 관람 예산, 아이돌 응원 예산, 사우나 예산 등을 정기 지출로 설정한 고객도 있었다.

참고로, 부자들은 정기 지출 가운데 '교제비'를 가장 크게 잡는 경우가 많다. 매월 100만 엔을 책정하는 고객도 있었다. 사람들을 만나 즐거운 시간을 보내거나 맛있는 음식을 대접하기 위한 예산을 미리 정기 지출 항목에 포함해 두는 것이다.

지출을 파악할 때의 포인트는, 수입과 반대로 '조금 여유 있게 잡는 것'이다. 계산된 총액에 약 10퍼센트 정도를 더한 금액을 적정치로 삼는다. 생활비는 꼼꼼히 파악해도 놓치는 항목이 있기 마련이고, 경조사비처럼 계획에 없던 지출도 생기기 때문에 미리 10퍼센트 정도 여유를 두는 편이 좋다.

비정기 지출을 예측한다

비정기 지출의 대표적인 예로는 가전제품이나 자동차 교체, 집수리, 여행 등이 있다.

먼저 가전제품을 살펴보자. 냉장고나 세탁기 같은 대형 가전의 내구 수명은 보통 6~10년이다. 가전 기업들이 고장 수리를 위해 필요한 부품을 보유하는 기간도 이와 비슷하므로 언젠가는 새로 구입할 수밖에 없다.

자동차도 정기적인 교체가 필요하다. 일반 승용차의 교체 주기는 평균 8.5년(일본의 자동차검사등록정보협회 2017년 조사 기준)이다. 가족 구성의 변화에 따라 차종이 달라지기도 하는데, 세단을 타다가 가족이 늘면 SUV나 미니밴으로, 자녀가 독립하면 소형차로 바꾸는 식이다. 이를 모두 고려해 교체 계획을 세워야 한다.

아파트의 경우 장기 수선 충당금이 매달 관리비에 포함되며, 일정 주기마다 외벽 도장이나 방수 공사 등 대규모 수선 작업이 진행된다. 가족 구성의 변화나 건물 노후에 따라 리모델링이나 보수 공사가 필요할 수도 있다.

반려동물과의 생활도 장기적인 지출로 생각해야 한다. 반려동물의 질병과 마지막 순간을 떠올리기란 괴로운 일이지만, 병원비 등의 지출을 예상해 두는 것이 합리적이다.

이런 비정기 지출의 예산을 세워 두면 예상치 못한 지출에도 당황하지 않을 수 있다.

여행을 좋아하는 사람이라면 언제, 어디로, 얼마의 예산으로 여행할지 계획을 세워 두자. 이렇게 하면 여행 비용을 따로 모으거나 적금을 깨지 않아도 그해의 지출 계획 안에서 처리할 수 있다.

더불어 간병 비용도 확인해 두면 유용하다. 공적 개호 보험(한국의 노인 장기 요양 보험에 해당하는 제도—옮긴이)을 통해 받는 서비스의 본인 부담금은 크지 않지만, 조사에 따르면 일시적으로 발생하는 추가 돌봄 비용까지 포함할 때 1인당 평균 약 500만 엔에 이르는 것으로 나타났다.

이처럼 비정기 지출을 정리하는 과정은 단순한 재정 계획을 넘어 앞으로 어떤 인생을 살아갈지 합리적으로 생각해 보는 계기가 되기도 한다.

인생의 주요 이벤트를 점검한다

지출을 점검할 때의 요령은 연도별로 가족의 나이를 확인하며 인생의 주요 이벤트를 예상해 보는 것이다. 예를 들어, 부모님이나 조부모님이 나이가 들면 돌봄이나 간병을 위해 본가를 오가는 일이 생길 수 있다. 일본인의 평균 수명은 남성은 81.05세이고 여성은 87.09세지만, 혼자 생활하는 데 불편하지 않은 '건강 수명'은 이보다 짧아 남성이 약 70세이고 여성이 약 73세로 알려져 있다(2022년 후생노동성 발표). 같은 시기에 자녀의 입시 등 중요한 이벤트가 겹치면 체력적, 정신적, 경제적 부담이 커질 가능성이 있다.

이처럼 인생의 시기별로 발생할 수 있는 이벤트를 미리 확인하면 '해외여행은 아이가 대학에 진학한 뒤로 미루자'와 같은 합리적인 판단을 내릴 수 있게 된다.

라이프 플랜을 작성했다면 마지막으로 연도별 수입과 지출을 나란히 정리해 앞으로의 자산 변화를 살펴보자. 현재의 저축액에 다음 해의 수입을 더하고 지출을 빼면 다음 해 말의 자산 규모를 예측할 수 있다. 이 계산을 반복하면 생애 전반에 걸친 수입과 지출의 흐름을 한눈에 파악할 수 있다.

그 결과, 숫자로 봤을 때 '평생 적자가 나지 않는 인생'이 나온다면 더할 나위 없이 훌륭하다. 그 라이프 플랜에 맞춰 살아가면 된다. 만약 중간에 가계가 적자로 돌아서더라도 걱정할 필요는 없다. 지출을 다시 점검하고 돈을 모으는 방법을 이제부터 함께 살펴보자.

📑 부자들의 돈 계산

지출은 약 10퍼센트 여유 있게 잡고, 비정기 지출도 빠트리지 않는다. 인생의 주요 이벤트로 발생할 지출에 미리 대비하자.

21

라이프 플랜 포인트
③ 저축

 지출을 정리하다 보면 '이런 데에 이렇게 많은 돈을 쓰고 있었구나' 하고 놀랄 때가 있다. 사실 라이프 플랜 설계는 지출이 많음을 깨닫고 이를 줄이는 라이프 스타일로 바꿀 좋은 기회이기도 하다. 이번 기회에 각 지출 항목이 정말로 필요한 것인지 점검해 보길 바란다.

가장 줄이기 쉬운 월 고정비
 주의 깊게 살펴봐야 할 부분은 매월 정기적으로 나가는 고정비다. 대표적인 예로 주택 담보 대출, 통신비, 보험료가 있다.

주택 담보 대출은 금리가 낮은 은행으로 갈아타면 매달 나가는 이자를 줄일 수 있다. 실제로 은행을 옮기지 않더라도 다른 은행에서 받은 견적을 현재 은행에 제시하면 금리를 낮춰 주기도 하니 협상해 볼 만하다.

휴대전화 요금은 메인 통신사에서 알뜰폰 통신사로 바꾸거나, 같은 통신사를 유지하더라도 더 저렴한 요금제로 변경하면 크게 절약할 수 있다.

생명 보험이나 손해 보험은 정기적으로 새로운 상품과 비교해 보는 것이 좋다. 보장 내용은 같은데 보험료가 더 저렴한 상품을 찾을 수 있기 때문이다. 다만 과거에 가입한 계약 중에는 현재 기준으로 조건이 매우 유리한 '숨은 보물'도 존재하므로, 스스로 판단이 어렵다면 파이낸셜 플래너 등 금융 전문가와 상담하는 것이 바람직하다.

인생에 세 번 오는 저축 골든 타임

인생에는 돈을 모으기 좋은 세 번의 골든 타임이 있다. 저축 습관이 없는 사람일수록 이 골든 타임을 기억하자.

첫 번째는 결혼 전이다.

소득을 온전히 자신의 뜻대로 관리할 수 있는 시기다.

두 번째는 결혼 후 자녀가 태어나기 전까지다. 즉 소득은 늘고 지출은 크게 변하지 않는 시기다.

세 번째는 자녀가 독립한 후 은퇴하기 전까지다. 소득은 안정적이고 지출은 줄어드는 시기다.

이 세 시기는 비교적 저축하기 좋은 타이밍이다. 그런데 최근에는 부모 세대와 달리 첫 번째 골든 타임에도 돈을 모으기 어려워지고 있다. 소득이 꾸준히 증가하던 시대는 끝났고, 일과 삶의 균형을 중요시하는 문화가 확산되면서 여가 시간이 늘어나 미혼 시기의 소비가 증가했기 때문이다. 결혼 시기가 늦어지면서 결혼 후에는 서둘러 자녀를 갖는 경우가 많아 두 번째 골든 타임도 매우 짧아지는 경향이 있다. 이와 함께 자녀의 독립 시기도 늦어져 세 번째 골든 타임 역시 짧아질 수밖에 없다. 게다가 부모 세대와 비교하면 인생 후반부의 급여 상승률도 낮아졌다.

한 부자는 저축 골든 타임이 점점 짧아지는 현실을 두고 부모 세대보다 꿈과 희망을 실현하기가 한층 어려워졌다고 말했다. 현실이 녹록지 않은 것은 분명하다. 하지만 오늘날 삶의 방식은 점점 다양해지고 있다. 비혼을 선택할 수도 있고, 결혼하더라도 자녀를 갖지 않는 선택을 할 수도 있다. 또는 일찍 결혼해 자녀가 빨리 독립하면 세 번째 골든 타임이 길어질 수도 있다. 중요한 것은 자신의 인생을 장기적인 시선으로 바라보고 어느 골든 타임에 집중적으로 저축할지 계획하는 것이다.

골든 타임에 접어들 때의 예상 수입과 지출, 자산 규모를 가늠해 본다면 돈에 대한 의식이 달라지고 합리적으로 돈을 써야겠다는 의지가 생긴다.

📇 부자들의 돈 계산
월 고정비를 점검해 지출을 줄인다. 내게 맞는 저축 골든 타임을 찾는다.

22

돈은
잘못이 없다

 라이프 플랜과는 조금 벗어난 이야기지만, 이 장을 마무리하며 부자와 부자가 아닌 사람의 결정적인 차이를 이야기하고자 한다. 그것은 바로 돈을 바라보는 사고방식이 근본적으로 다르다는 점이다.

왜 돈과 거리 두게 되었을까?

 내 주변 사람들을 포함해 많은 이가 돈을 막연하게 '불결한 것'으로 여긴다. '무사는 배가 고파도 이쑤시개를 높이 문다'라는 일본 속담이 보여 주듯, 예로부터 사람들은 가난하지만 품위를 지키는 태도에 호감을 느껴 왔다. 그래서 돈이 없는 사람에게는 청렴하고 고상하다는 이미지를, 반대로 돈이 많은 사람에게는 '나쁜 일을 한다', '욕심이 많다', '악착스럽다'와 같은 부정적인 이미지를 떠올리는 경우가 많다. 이러한 인식은 일본인 특유의 것으로, 외국인 동료에게 말하면 전혀 이해하지 못한다. 비웃거나 비판하는 게 아니라 "그게 무슨 소리야?"라며 어리둥절한 표정을 짓는다.

금융업 종사자가 많았던 유대인들이 유럽에서 오랫동안 차별받아 온 역사에서 볼 수 있듯, 해외에서도 부자를 탐욕스럽다거나 교활하다고 보는 시각이 존재한다. 그러나 돈 자체를 은근히 혐오하는 사회적 분위기가 형성된 나라는 아마 전 세계에서 일본이 유일할 것이다.

이에 관해 여러 가지 설이 있는데, 그중 하나는 에도 시대(1603~1868. 도쿠가와 이에야스가 에도, 즉 현재의 도쿄 지역에 막부를 세우고 통치를 시작해 약 260년간 이어진 시대—옮긴이)에 도쿠가와 이에야스(1543~1616. 에도 막부 시대를 연 초대 쇼군으로, 도요토미 히데요시가 이룬 일본 통일을 기반으로 장기적 중앙집권 체제를 구축했다.—옮긴이)가 돈에 대한 부정적인 이미지를 의도적으로 퍼뜨렸고 그 후 약

260년간 이어진 도쿠가와 막부(무사 계급의 최고 권력자인 쇼군이 일본을 통치하던 군사 정권—옮긴이) 체제 속에서 이러한 가치관이 일본 사회에 깊이 뿌리내렸다는 것이다.

오닌의 난(1467년 막부의 쇼군 후계 문제와 유력 다이묘 간 대립으로 일어난 내전. 이를 계기로 중앙 권력이 약해지면서 각지에서 신하가 주군을 누르고 권력을 잡는 하극상이 빈번히 일어나 전국 시대로 이어졌다.—옮긴이) 이후 이어진 전국시대(오닌의 난 이후 약 100년간 전국의 다이묘들이 영토와 세력을 놓고 끊임없이 다툰 혼란기—옮긴이)에는 각 지역의 다이묘(중세 일본에서 각 지방을 통치하던 무사 계급의 유력 영주로, 자신의 영지를 바탕으로 독자적인 군사력을 보유했다.—옮긴이)가 해당 지역 주민만 병사로 거느릴 수 있었기 때문에 전투에 동원할 수 있는 인원과 시기에 한계가 있었다.

이러한 상황을 바꾼 인물은 오다 노부나가(1534~1582년. 전국시대에 일본 통일의 기반과 중앙집권적 질서를 마련한 다이묘—옮긴이)였다. 그는 돈으로 병사를 고용하는 제도를 대대적으로 도입해 언제든지 전투할 수 있는 체제를 갖췄고, 이를 통해 급속히 세력을 확장했다. 그 뒤를 이은 도요토미 히데요시(1537~1598. 오다 노부나가의 권력을 승계해 전국시대를 끝내고 일본을 통일한 다이묘—옮긴이) 역시 '돈의 힘'으로 천하통일을 이루고 전국의 다이묘들을 복속시켰다. 이를 가까이에서 지켜본 도쿠가와 이에야스는 돈이 기존 권력을 뒤집고 사회의 관습과 가치관을 송두리째 바꿀 수 있다는 사실에 깊은 인상을 받았을 것이다.

천하를 통일한 도쿠가와 이에야스는 하극상의 난세가 되풀이되지 않도록 '덴카부신(天下普請)'을 실시했다. 덴카부신이란 에도성과 나고야성 등의 성곽 건설뿐 아니라 하천 개수와 도로 정비 같은 대규모 토목 공사를 전국 다이묘들에게 분담시킨 정책이다. 현장에서 일할 인부의 조달부터 자재 준비까지 기본적으로 다이묘의 부담이었기 때문에 각 지역 다이묘의 재정을 줄여 세력을 약화시키는 것이 주요 목적 중 하나였다. 이 밖에도 다이묘들이 에도와 지방을 교대로 거주하도록 한 산킨코타이처럼 반란 방지를 명분으로 지방 다이묘들의 경제력을 의도적으로 약화시키는 정책이 다수 시행됐다.

이렇게 재정이 어려워지면서 검소함과 절약이 미덕으로 여겨졌고, 그 결과 오랜 에도 시대를 거치면서 '돈은 불결하다, 적극적으로 추구해서는 안 된다'라는 사고방식이 일본 사회 전반에 자리 잡았다. 세계에서도 보기 드문 돈에 대한 독특한 정신문화가 형성된 것이다.

이후에도 메이지 유신이나 태평양 전쟁 패전 등 일본은 사회 전반에서 여러 차례 큰 변화를 겪었다. 그 사이 돈에 대한 인식을 바꿀 기회도 많았을 것이다. 하지만 외국과의 거듭된 전쟁으로 국민에게 절약과 검소함이 요구되면서, 일본인의 돈 인식은 크게 달라지지 않은 채 오늘날까지 이어지고 있다.

돈으로 늘리는 선택지, 줄이는 리스크

일본의 부자들도 돈에 대한 이러한 인식을 어느 정도는 공유하고 있다. 다만 조금 과하게 표현하면 '세뇌'의 정도가 보통 사람들보다 훨씬 약해서 돈 자체나 돈 버는 행위를 부정적으로 바라보는 사람은 많지 않다.

한 부자는 이렇게 말했다.

"사람들이 돈을 너무 소홀히 대해요. 돈이 있는 것과 없는 것 중에서는 당연히 돈이 있는 편이 낫지 않겠어요? 돈이 있으면 자신뿐만 아니라 가족과 동료들의 인생도 지금보다 풍요롭게 만들 수 있는 선택지가 늘어나잖아요."

그는 이어서 이렇게 덧붙였다.

"돈이 있으면 크게 다치거나 병에 걸려도 더 나은 치료를 받을 수 있고, 설령 내가 당장 죽더라도 가족이 생활에 어려움을 겪지 않을 수 있어요. 가족도 불안하지 않게 살아갈 수 있는 거죠."

돈이 많으면 분명 좋은 점이 많고, 실제로 대부분의 사람이 돈을 갖고 싶어 한다. 그러면서도 '돈 이야기는 가능하면 하고 싶지 않다', '돈은 더럽다'라며 돈을 꺼리는 모순된 태도를 보인다. 돈에 대한 부정적인 인식을 내려놓고 편견 없이 바라보는 것, 이것이 부자가 되는 첫걸음이자 필수 조건이다.
또 다른 부자는 이렇게 말했다.

"이유 없이 돈을 싫어하면 돈이 점점 멀어집니다. 사람도 자신을 좋아하지 않는 사람과는 함께 있고 싶지 않잖아요? 돈도 마찬가지예요."

돈을 갖고 싶은 동기를 명확히 하라

돈에 대해 무의식적으로 거부감을 느끼는 사람이 더 이상 돈을 부정적으로 여기지 않고 긍정적으로 바라보려면 어떻게 해야 할까?

내가 추천하는 방법은 '돈을 가지려는 동기'를 명확히 하는 것이다. 분명한 동기 없이 노력을 꾸준히 이어 가기란 정신적으로 매우 어렵다. 예를 들어, 매일 고된 연습을 하는 고교 야구 선수들은 '고시엔(전국 고교 야구 선수권 대회로, 일본을 대표하는 인기 스포츠 대회―옮긴이)에 나가고 싶다'라는 구체적이고 명확한 동기가 있기 때문에 혹독한 훈련을 견딜 수 있다.

이처럼 '왜 돈이 필요한가'를 명확히 인식하면 목적의식이 생기고, 돈은 그 목적을 이루는 데 필요한 수단으로 자연스레 받아들이게 된다. 그러면 돈에 대한 편견이나 거부감이 사라지고 돈을 불결한 것으로 생각하지 않게 된다.

한 부자는 새해가 되면 자신이 그해에 하고 싶은 일들을 적어서 주변 사람들에게 보여 준다고 한다. 한 해의 목표를 써 보면 자신이 중요하게 여기는 가치관을 다시 확인할 수 있고, 가까운 사람들의 의견을 들으며 그 내용을 다듬거나 시야를 넓힐 수도 있다. 여기까지는 아마 많은 사람이 하는 '새해 다짐'과 크게 다르지 않을 것이다.

하지만 그는 한 걸음 더 나아가 각 항목의 목표를 이루는 데 필요한 금액을 대략 계산해 목표 옆에 적어 둔다고 한다. 그리고 그 메모를 책상 서랍 등에 넣어 두고 가끔 꺼내 보며 '이 계좌의 정기 예금을 해약해서 자금을 마련할까', '저 주식을 팔아서 이걸 해 볼까'와 같이 구체적으로 생각한다고 한다.

한때 수첩에 꿈과 날짜를 함께 적는 방법이 실현 가능성을 높인다고 해 인기를 끌었다. 그와 마찬가지로, 꿈을 이루는 데 필요한 금액을 함께 적어 두면 실현 가능성이 높아질 뿐만 아니라 불필요한 생각을 줄여 돈에 대한 부정적인 인식도 없앨 수 있다.

이 밖에도 '돈을 감사의 표시라고 생각하기', '기부하기' 등, 돈을 불편하게 여기는 마음을 없애는 방법은 다양하다. 여러 방법을 시도해 보면서 자신에게 맞는 방법을 찾아보자. 이 장에서 소개한 라이프 플랜 설계 역시 '돈을 좋아하게 되는 습관' 중 하나라고 할 수 있다.

돈을 좋아하면 돈 또한 결코 당신을 외면하지 않을 것이다.

부자들의 돈 계산
부자가 되기 위한 필수 조건! 돈에 대한 부정적인 인식에서 벗어난다.

원하는 미래를
머릿속에 그려라

　C씨가 상담을 받으러 왔을 때, 그의 태도는 아무리 좋게 말해도 썩 바람직하지 않았다. 의자 끝에 걸터앉아 몸을 약간 뒤로 젖힌 채 나를 평가하듯 훑어봤다. 솔직히 말해, 상담이 쉽지 않을 것 같았다.
　C씨는 아내에게 이끌려 마지못해 나온 것이었다. 가계의 결정권이 남편인 C씨에게 있었기 때문에 아내는 남편과 함께 상담받기를 희망했다.
　나는 "노후가 걱정되시나요?", "직장이나 수입 때문에 불안한 점 있으신가요?", "자녀분들에 대해서는 어떠신가요?" 하고 조심스레 단어를 골라 가며 하나씩 질문을 이어 갔다.

하지만 돌아오는 대답은 모두 "괜찮습니다"라는 한마디뿐이었다. "아이들 교육비가 걱정되지 않아?", "집 대출은 제대로 갚을 수 있을까?"라며 걱정스러운 얼굴을 짓는 아내를 뒤로한 채 C씨는 괜찮다는 말만 되풀이했다.

C씨의 아내에게 수입과 지출을 묻고 이를 PC의 자산 형성 시뮬레이션 프로그램에 입력했다. 앞으로의 수입, 주택 담보 대출 잔액, 자녀 교육비, 취미에 쓰는 돈, 현재 저축액, 자산 운용 상황 등 계산에 필요한 정보를 입력했다.

곧 분석 결과가 PC와 연결된 TV 화면에 비쳤다. 결과에 따르면, 두 자녀가 각각 고등학교와 대학에 진학하는 3년 후에는 입학금이라는 큰 지출로 저축이 바닥나는 것으로 나타났다. 그 후에도 4년에 걸쳐 자녀 두 명분의 학비가 계속 들기 때문에 흑자로 전환되지 않고 노후 준비를 전혀 할 수 없다는 전망이 나왔다.

그 결과를 본 C씨는 "이제 저는 어떻게 해야 하나요?"라며 고개를 푹 숙였고, 마침내 진지한 눈빛으로 나를 바라봤다. 원래 이렇게 절박한 경우라면, 보통은 매달 나가는 돈을 하나하나 살펴보며 필요 없는 지출을 철저히 없애는 것부터 시작한다. 하지만 "먼저 C씨가 꿈꾸는 이상적인 미래를 떠올려 보세요"라고 말했다. 부자들에게 배운, 이상적인 미래에서 출발해 거꾸로 계산하는 돈에 대한 사고방식을 전하기로 한 것이다. C씨가 돈에 대해 너무 무관심하다고 느꼈기 때문이다.

부자들은 언제나 '이상적인 상황을 머릿속에 그리는 것'부터 시작한다. 이는 '골 베이스(goal based)'라고 불리는 사고방식으로, 자산 운용을 조언하는 프라이빗 뱅커와 패밀리 오피스 담당자들이 실제로 실천하는 방법이다. 자산 현황과 가족 구성, 생애 이벤트 등의 정보를 바탕으로 자산 운용의 목적을 설정하고 그 목적을 달성하는 데 필요한 수익률을 역산해 최적의 투자를 제안한다. 골 베이스의 특징 중 하나는 중간 목표를 설정하는 것이다. 중간 목표를 정해 두면 의욕을 잃지 않고 성취감을 느끼며 나아갈 수 있다.

C씨는 '아이들이 원하는 교육을 무사히 받고 부부 모두 건강하며 노후에 돈 걱정을 하지 않는 상황'을 이상적인 미래라고 말했다. 우선 '건강'을 중요한 키워드라 생각하고 C씨가 매일 한 갑씩 피우는 담배는 이상적인 삶에서 멀어지는 요인이라고 지적하자, 그는 단호하게 끊겠다고 말했다. 술은 사회생활을 하느라 아예 끊을 수는 없지만, 집에서 자기 전에 마시

던 습관은 당분간 자제하기로 결심했다.

그 밖에도 주택 담보 대출은 조건이 더 좋은 상품으로 갈아 탔고 불필요한 보험은 해지했으며 노후까지 이어 갈 수 없는 취미나 생활에 꼭 필요하지 않은 동영상 구독 서비스 등의 지출을 하나씩 점검해 나갔다.

수입은 바로 늘릴 수 없었지만 회사의 고용 연장 제도를 확인해 70세까지 일할 수 있다는 사실을 알았다. C씨가 70세까지 일을 하면 교육비를 충당할 수 있고 노후 자금 부족분도 채울 수 있을 것이라는 전망이 나왔다. "나머지는 제가 승진해서 버는 방법뿐이군요!"라며 각오를 다진 C씨. "네. 우선은 5년 후 저축액 300만 엔을 목표로 합시다!"라며 이상적인 골에 이르기 위한 중간 목표를 설정했다.

그로부터 3년이 지난 어느 날, C씨는 주먹을 높이 들어 승리의 포즈를 취한 사진과 함께 '입학금과 학비 1년 치를 내고도 돈이 남았습니다'라는 메시지를 보내 왔다. 이어 회사에서는 상사였던 사람들이 정리돼 퇴직하는 바람에 생각보다 빨리 부장이 됐고, 그만큼 월급이 올라서 중간 목표를 조금 앞당겨 달성할 수 있을 것 같다고도 했다. 나도 한시름 놓고 '첫 중간 목표가 달성되면 그때 다시 한번 상황을 확인해 봅시다'

라고 답장을 보냈다.

　중간 목표를 달성하더라도 방심하지 말고 정기적으로 재무 상황을 점검해야 한다. 큰 자산을 가진 부자들은 법률과 사회 제도의 개편, 경기 흐름과 물가 변동이 자신의 자산에 영향을 준다는 사실을 민감하게 감지한다. 따라서 정기적으로 자산과 세상의 상황을 비교하며 업데이트한다. 예를 들어 연금 제도와 대출 규제 등의 변동 역시 자산 관리에 중요한 요인이라 할 수 있다.

　처음 만났을 때는 돈에 관심이 없던 C씨는 이제 완전히 돈에 대해 합리적으로 생각하게 됐다. 이상적인 골을 향해 앞으로 나아가는 C씨를 진심으로 응원한다.

4장

부자는 삶에 투자한다

돈을 부르는 투자 생활

23

지출에
의미를 부여하라

지금부터는 한 단계 더 나아가 부자들이 미래를 위해 실천하는 투자, 즉 '돈 활용법'에 대해 이야기하고자 한다. 여기서 말하는 투자란 금융 상품에만 한정된 것이 아니라 인생을 풍요롭게 만드는 돈 활용법 전반을 가리킨다. 어디에 돈을 투자하면 어떤 가치를 얻을 수 있을까? 이를 알면 보다 만족스럽고 보람 있는 인생을 살아갈 수 있다.

부자들은 오로지 투자한다

1장의 서두에서 살펴봤듯 부자들은 가격 이상의 가치를 얻을 수 있는 상품과 서비스에 돈을 쓴다. 동시에 그 상품과 서비스로부터 얻을 수 있는 지식과 정보 그리고 거기서 이어지는 인맥 등의 부가 가치를 최대한 끌어내는 데에도 노력을 아끼지 않는다.

예를 들어, 낯선 지역에서 외식할 때 부자들은 인터넷이나 앱으로 그 지역 맛집을 검색하지 않고 주로 주변 사람들의 추천을 받아 가게를 찾는다. 그 이유는 무엇일까? 다른 사람이 추천해 준 음식점에 가면 식사를 한다는 일상적인 경험과 비용이 인맥을 키우는 투자로 바뀌기 때문이다. 추천해 준 사람에게 '소개해 주신 가게에 와 있습니다. ○○가 맛있었어요'라는 후기를 전할 수 있다. 더 나아가 SNS에 추천해 준 사람의 이름과 함께 음식점 후기를 올리면 단순한 식사가 '정보'로서의 가치를 지니게 된다.

이처럼 지출한 돈에 새로운 가치를 더하는 것, 이것이 바로 미래를 위해 투자하는 부자들의 '돈 활용법'이다.

금융 전문가들은 지출을 투자, 소비, 낭비 세 가지로 나눠 조언하곤 한다. 하지만 부자들의 사고방식으로는 돈을 쓰는 모든 행위가 '투자'에 해당한다. 사람들이 흔히 소비나 낭비라고 여길 만한 지출에서조차 부자들은 정보로서의 가치를 부여하는 등 투자 효과를 내려 하기 때문이다.

   이 장에서는 부자들의 투자 사례와 더불어 평범한 사람들이 어떻게 그들의 사고방식을 응용할 수 있는지 살펴볼 것이다. 많은 부자의 다양한 경험과 배움이 담긴 생각을 전하다 보니 언뜻 모순처럼 보이는 내용도 있지만, 각자의 상황과 배경에서 나온 이야기이므로 자신에게 맞는 것을 골라 실천해 보기 바란다.

부자들의 돈 계산
돈을 쓸 때는 상품 자체의 가치에서 멈추지 않고 새로운 가치를 찾아 계속해서 더해 간다.

24

사람은 버는 돈만큼
성장한다

'돈을 쓰는 곳은 모두 투자처'라고 말할 정도로 부자들은 투자에 대한 의식과 의욕이 보통 사람들과 비교할 수 없을 만큼 크다. 이번에 소개하는 투자는 자산 운용을 위한 좁은 의미의 투자를 가리킨다. 내가 만난 부자들의 구체적인 투자처에는 주식과 채권 같은 금융 상품은 물론이고 비행기와 선박 등의 현물, 국내외 부동산, 저작권과 특허 사용권 등이 있었다.

투자 경험이 없는 사람은 손실이 두려워 선뜻 투자에 나서지 못한다. 물론 투자가 수익을 보장하지는 않지만, 요즘 시대에는 은행에 돈을 묵히는 편이 훨씬 위험하다고 할 수 있다.

돈을 은행에만 맡기는 사람, 투자하는 사람

 일본 각 은행의 보통 예금 금리는, 이 글을 쓰는 시점 기준으로 0.001퍼센트다. 원금에 이자가 더해져 두 배가 되려면 약 7만 2,000년이 걸리는 셈이다. 한편 GPIF(일본의 '연금 적립금 관리 운용 독립 행정 법인'으로, 한국의 '국민연금 기금운용본부'에 해당한다.―옮긴이)가 운용하는 공적 연금은 국가가 국민을 대신해 투자하는 기금인데, 그 수익률이 연 3.5퍼센트를 넘는다. 이는 은행 예금의 약 3,500배에 이르는 수익률이다. (한국은행이 2025년 10월 31일 발표한 '금융기관 가중평균 금리' 통계에 따르면 예금은행의 9월 저축성 수신(예금) 금리(신규취급액 기준)는 연 2.52퍼센트다. 연 2.52퍼센트를 기준으로 원금이 2배가 되려면 약 28년이 걸린다. 한국의 국민연금 기금운용본부의 수익률은 기금 설치 이후 2024년까지 연평균 수익률은 6.82퍼센트다. 2024년에는 15%로 역대 최고치를 기록했고, 2025년 상반기에는 4.08%로 잠정 집계됐다.―옮긴이)

● 매월 1만 엔을 30년간 적립 시
원금: 1만 엔 × 12개월 × 30년 = 360만 엔
금리 0.001퍼센트의 경우: 360만 539엔 (+539엔)

금리 3.5퍼센트의 경우: 635만 4,127엔 (+275만 4,127엔)

이처럼 돈을 그저 은행에만 맡기는 사람과 투자하는 사람 사이에는 큰 차이가 발생한다.

투자는 일찍 시작하고 길게 가져가라

금융 투자는 일찍 시작해 투자 기간을 길게 유지할수록 리스크가 줄어든다. 주가는 매일 오르내리기 때문에 불안할 수 있지만, 장기적인 관점에서 보면 인구 증가와 이에 따른 상품 및 서비스의 공급 확대 덕분에 전 세계 주식 가치는 완만하게 상승해 왔다. 이것이 바로 주식을 오래 보유할수록 수익률이 안정적이라고 말하는 근거 중 하나다.

금융학의 세계적 권위자 제러미 시겔은 1802년부터 약 210년간 미국 주식의 실질 수익률 최고치와 최저치를 분석했다. 이에 따르면 보유 기간이 20년 미만일 때는 수익률 최저치가 마이너스였지만 20년을 넘기면 플러스로 돌아섰다. 30년간 보유했을 경우, 1802년 이후 미국 주식의 실질 수익률은 최저 2.6퍼센트, 최고 10.6퍼센트였다. 이 숫자를 보면 장기 투자를 전제로 한 주식 운용은 상당히 효과적이라고 할 수 있다.

미국 주식을 예로 들었지만 일본 주식도 마찬가지다. 20~30년 간 보유하면 실질 수익률은 플러스로 수렴해 간다. 단, 과거 데이터를 바탕으로 한 이론일 뿐 미래에도 똑같으리라는 보장은 없다. 하지만 빠른 결단을 내려 운용 기간을 조금이라도 늘리면 리스크를 줄이고 수익을 얻을 가능성은 높아진다.

주식 투자의 보유 기간과 실질 수익

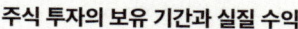

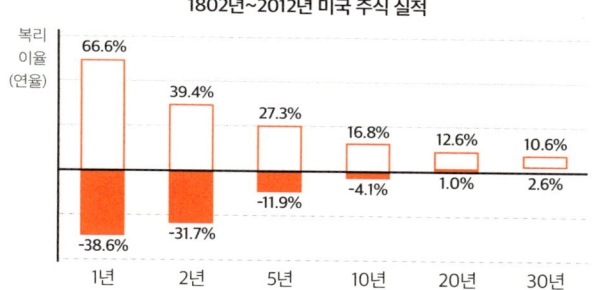

20년 이상 운용한 경우, 최저 수익률일 때도 1.0%~2.6%의 수익이 났다.

투자가 처음이라면?

투자의 이점을 알면서도 좀처럼 실천하지 못하는 사람이라면, 급여일 다음 날에 자동이체로 투자금이 빠져나가도록 설정하는 등 자동 투자 구조를 만들어 두는 것이 좋다.

개별 주식은 전문가도 판단하기 어려우므로, 처음 투자하는 사람에게는 펀드를 추천한다. 펀드는 여러 투자자로부터 모은 자금을 운용사가 주식이나 채권 등에 분산 투자해 그 운용 성과를 투자자에게 되돌려주는 투자 신탁 상품이다.

스스로 상품을 고르기 어렵다면 전문가의 조언을 받는 것도 좋은 방법이다. 증권사나 은행에서 상담받을 때 상품을 억지로 권유받을까 봐 걱정된다면, 인터넷으로 검색해 운용 자산 규모가 큰 상품을 선택할 수도 있다. 이는 많은 투자자의 돈이 모인 인기 있는 펀드라는 뜻이다. 최신 상품이나 특정 업종에 특화된 틈새 상품은 아닐 수 있지만, 투자를 처음 경험해 보고 싶은 사람에게는 추천할 만하다.

부동산에 투자하고 싶다면?

요즘에는 오피스텔과 같은 수익형 부동산 투자를 권하는 SNS 광고를 자주 볼 수 있다. '연봉 400(500)만 엔 이상이라면 필독'이라는 문구가 적혀 있는 것이 많은데, 이는 은행이 대출 심사에서 연 소득 400만~500만 엔 이상을 기준으로 삼는 경우가 많기 때문이다.

부동산 투자가 나쁘다는 이야기는 전혀 아니다. 다만 수익형 부동산은 특히 판단이 어려우므로 입지, 시장 상황, 관련 법률 등을 꼼꼼하게 확인해야 한다.

앞으로 일본은 인구 감소가 이어지고 소득 증가세도 둔화할 것으로 예상된다. 이에 따라 빈집이 늘고 세입자를 구하기가 점점 어려워질 가능성이 높다. 따라서 부동산에 투자할 때는 전문가의 조언을 받아 신중하게 판단해야 한다.

만약 부동산 투자에 관심은 있지만 복잡한 계약 절차나 공실 관리, 건물 보수 등이 번거롭게 느껴진다면 부동산을 직접 구입하는 대신 리츠(REITs, 부동산 투자 신탁)에 투자하는 방법을 추천한다. 이를 통해 금융 상품 형태로 부동산 소유주가 될 수 있다.

투자에 담긴 다양한 가치

투자로 자산을 유지하고 늘려 가는 부자들에게 투자 이야기는 일상적인 대화 주제다. '담당 프라이빗 뱅커가 이런 제안을 했다', '부모님 때부터 가까이 지내는 부동산 중개인이 이런 물건을 추천했다' 등의 이야기를 자랑이 아닌 커뮤니케이션 도구로 활용한다. '닌텐도 주식을 샀더니 마리오를 볼 때마다 나를 위해 일해 주는 것 같아 고맙다'고 말한 부자도 있다. 수염이 마리오를 닮은 사람이었기에 더욱 유쾌한 대화 주제가 됐다.

또 다른 부자는 '투자는 돌고 돌아 내게 돌아오기 때문에 좋은 것'이라고 말했다. 그는 최근 자녀와 함께 테마파크에 놀러 갔는데, 그곳을 운영하는 회사의 주주이기도 했다. 테마파크 안에서 쓴 돈의 일부가 결국 배당금의 형태로 자신에게 돌아온다는 이야기였다.

우리도 이 부자처럼 그 테마파크의 주주라면 어떨까? 그곳에서 사용하는 돈이 돌고 돌아 주가 상승이나 주주 우대 혜택, 배당금의 형태로 다시 우리에게 돌아올 것이다. 이러한 투자는 금전적 수익을 넘어 가족이나 친구와 보내는 시간을 더욱 즐겁게 만들어 주는 밑바탕이 된다.

'투자를 계속하는 이유는 자산 운용을 위해서만이 아니라 세상의 움직임에 관심을 기울이기 위해서'라고 이야기한 부자도 있다. 투자는 세상 정보에 대한 안테나를 세우는 좋은 장치이기도 하다.

이처럼 투자는 단순한 수익 추구를 넘어 다양한 가치를 지닌다.

요즘은 100세 시대다. 아직 투자를 시작하지 않았다면 지금이 바로 시작할 때다. 시간이 도와주는 투자는 누구나 실천할 수 있는 효과적인 돈 활용법이다.

💰 부자들의 돈 계산

요즘 시대에 은행 예금만으로는 돈을 불리기 어렵다. 초보자는 지금 당장 펀드에 가입해 장기간 보유하자.

25

안목 넓은
부자가 되는 법

 블록체인, NFT, 메타버스…. 내 주변에서 이러한 용어를 말하는 사람들은 IT 업계 종사자를 제외하면 대부분 부자다. 부자들은 대개 IT 지식이 풍부하고 이를 일상에서도 최대한 활용한다. 나이가 많은 사람도 이메일과 SNS를 사용하며 결제와 거래를 할 때도 IT를 적극 활용한다.

 요즘 시대에는 첨단 기술을 이해하고 능숙하게 다루지 못하면 자산 형성이 불가능하다고 해도 과언이 아니다. 소중한 자산을 지켜야 하는 부자들은 최신 지식을 익히는 일을 매우 중요하게 여긴다.

 당신은 최신 지식과 노하우를 어떠한 방법으로 얻고 있는

가? 유튜브, 인터넷 기사, 온라인 커뮤니티 등 다양한 방법이 있지만, 부자들이 선호하는 매체는 단연코 '책'이다. 앞에서 말했듯, 책은 발매 당일에 받아 본다. 최신 지식을 얻을 뿐만 아니라 책의 내용을 누구보다 먼저 주변에 공유해 '정보 자산'으로 바꾼다. 나는 책에서 지식을 얻는 데 그치지 않고 그 지식을 일상에서 활용하며 자신을 갈고닦는 것이 중요하다는 사실을 부자들에게 배웠다.

부자들이 미의식을 갈고닦는 이유

부자와 일반인 사이에서 지식 차이가 특히 큰 분야는 '예술'이다. 그래픽 디자이너였던 나는 평소 예술에 관심이 많지만, 부자들의 관심은 때로 나를 능가한다. 이유가 뭘까? 한 부자는 이렇게 말했다.

"자산을 늘리고 지키기 위해서는 미의식을 길러야 합니다."

오늘날에는 누구나 쉽게 정보를 얻을 수 있으며, 많은 사람이 이를 분석하고 이해할 수 있는 능력도 갖추고 있다. 따라서 정보를 먼저 접하더라도, 정보 격차로 인한 우위를 유지하기는 점점 어려워지고 있다. 이때 다른 사람과의 차이를 만들어 내는 것이 바로 미의식이다.

현대 사회는 미래를 예측하기 어려운 VUCA 시대라고 불린다. 문제가 복잡하고 해결하기도 어려워 지금까지 해 온 방법이 통하지 않을 때도 있다. VUCA란 Volatility(변동성), Uncertainty(불확실성), Complexity(복잡성), Ambiguity(모호성)의 첫 글자를 딴 말로, 어지럽게 급변하는 예측 불가 상황을 의미한다. 그러한 상황에서는 전체를 직관으로 파악하는 감수성, 상상력, 구상력, 즉 '미의식'이 요구된다.

또한 기존 시스템이 현실이나 규칙 변화를 따라가지 못하거나 법률과 제도가 최신 IT 기술에 뒤처지는 경우도 있다. 이럴 때 투자처를 어디로 할지와 같은 의사 결정의 질을 높이기 위해서는 단순한 지식 이상의 판단 기준이 필요하다.

부자들은 이러한 상황에서 미의식, 더 나아가 윤리관을 판단 기준으로 삼는다. 직관적으로 균형을 파악하는 능력을 갖추고 인간으로서 마땅히 지녀야 할 모습을 그려 둠으로써 전례 없는 상황에서도 실패하지 않는 판단을 이어 갈 수 있다.

구글이 영국의 인공지능 개발 기업 딥마인드를 인수했을 때 사내에 인공지능의 폭주를 막기 위한 윤리위원회를 설치

한 사실은 널리 알려져 있다. 이는 명문화된 법률이나 규칙이 없는 상황에서 성장을 지속하기 위해서는 독자적인 미의식과 윤리관을 기준으로 판단해야 함을 보여 준다.

인생을 풍요롭게 하는 지식

"이 책 읽어 봤어요?"
"요즘 어떤 뉴스에 관심 있어요?"

부자들과 만나면 으레 이런 질문을 받는다. 단순히 호기심으로 묻는 것이 아니라 나의 지식과 미의식, 윤리관, 가치관을 살펴보려는 것이다. 투자 이야기가 아니더라도 와인, 건강, 여행에 관한 지식은 부자들의 공통 언어로서 커뮤니케이션에 활용된다. 지식을 쌓는 일은 삶을 풍요롭게 만드는 일과도 연결된다.

벚꽃 무늬 기모노를 입음으로써 역사와 전통에 대한 지식뿐만 아니라 계절의 변화를 세심하게 느끼게 됐다는 부자가 있다. 커피에 대한 폭넓은 지식을 얻기 위해 해외로 나갔다가 뜻밖의 만남과 경험을 얻었다는 부자도 있다. 부자들이 '이력서에 쓸 내용이 없거나 인생 스토리가 빈약한 사람은 배움이나 도전을 해 오지 않은 사람'이라고 대화하는 것을 옆에서 듣고 마음이 철렁했다. 나는 새로운 지식을 통해 사고와 행동의 폭이 넓어지고 이것이 결국 도전으로 이어진다는 사실을 알게 된 뒤부터 지식을 얻는 데 적극적으로 돈을 쓰게 됐다.

진정한 부자는 단순히 돈이 많은 사람이 아니라 끊임없이 자신을 갈고닦는 매력적인 사람이다.

부자들의 돈 계산

최신 기술을 배우고 활용하는 것은 기본이다. 그 위에 미의식을 갖추면 지식을 뛰어넘는 가치 판단의 기준이 된다.

26

부자가 사람에게
신뢰를 쌓는 법

처음 만나는 순간 "오늘 고마워요"라고 인사를 건네는 부자들이 있다. 시간을 내줘서 고맙다, 이 만남이 소중하다 등의 여러 의미가 담겨 있다고 한다.

나로서는 감사 인사를 미리 받았으니 뭔가 보답해야 한다고 느끼게 된다. 하지만 그들의 말은 결코 강요나 부담이 아닌, 자신과 상대의 관계가 앞으로 좋아질 것이라는 믿음에서 자연스럽게 나오는 말이다. 이렇듯 부자들은 부드럽게 거리를 좁혀 온다.

소규모 행사를 선호하는 부자들

인맥이 넓어 보이는 한 부자에게 올해 참석한 파티 중 가장 인원이 많았던 자리에 몇 명이 참석했는지 물었더니 "열 명 정도"라는 답이 돌아왔다. 부자들은 많은 사람이 자유롭게 오가는 대규모 행사보다 초대받은 소수만 참가하는 자리를 선호하는 경향이 있다. 같은 시간을 투자하더라도 인원이 적은 행사일수록 한 사람, 한 사람과 차분하게 이야기를 나눌 수 있어 의미 있는 관계를 맺을 수 있기 때문이다.

나에게도 경험이 있다. 서로 다른 업계 사람들이 대거 참석한 교류회에서 열심히 명함을 교환했지만, 각 사람과 충분히 이야기를 나누지 못해 결국 서로에게 별다른 인상을 남기지 못했다.

부자들은 이 점을 잘 알기 때문에 인맥을 쌓을 때는 '많은' 사람을 만나는 것보다 '어떤' 사람과 관계를 맺는지를 더 중요하게 여긴다.

이 점을 참고해서 적용한다면, 인맥을 넓히고 싶을 때는 직장 선배나 외부 인물 위주로 만나는 것이 좋다. 조언을 구할 수 있고 새로운 분야의 인사이트를 얻을 수도 있기 때문이다. 물론 사내 동기나 후배들과의 모임이 의미가 없다는 뜻은 아니다. 다만 대화가 잡담이나 푸념 위주로 흐르기 쉬우므로 성장에 더 초점을 두고 싶다면 상대적으로 우선순위가 낮아질 수 있다.

부자가 사람을 대하는 기본자세

같은 취미를 가진 사람들이 모이는 커뮤니티는 비슷한 가치관과 목적을 공유하기 때문에 대화가 자연스럽게 이어지고 참여하기가 쉽다. 부자들도 이러한 커뮤니티에 자주 얼굴을 내민다.

부자들이 커뮤니티에서 사람들과 관계를 맺을 때의 기본자세는 상대방을 격려하고 지지하는 것이다. 자신과 가치관이 맞는 사람들 가운데 열심히 노력하는 사람을 보면 힘이 돼 주고 싶다고 한다. "응원하는 사람을 만들면 자연스럽게 '배려심'도 유지할 수 있어요"라고 말한 부자도 있다.

서로 격려하며 지지하는 관계를 만들 수 있다면, 그 순간 우리는 이미 자신에게 힘이 돼 주는 사람을 얻은 셈이다. 누군가를 격려하고, 그 보답으로 힘이 되는 지지를 받으면 마음에 여유가 생기고 삶의 만족도와 행복도가 높아진다. 서로 힘이 돼 주며 함께 쌓은 추억은 시간이 지나 돌아보더라도 마음을 풍요롭게 해 준다. 가치관이 맞는 사람들과의 만남과 인연에 감사하며 살아가는 부자들에게는 배울 점이 많다.

🧧 부자들의 돈 계산
많은 사람을 만나는 것보다 누구를 만나는지가 중요하다. 서로에게 힘이 돼 주는 관계야말로 평생의 재산이다.

27
부자가 몇 배나 풍요롭게 사는 비밀

 부자는 '돈으로 시간을 산다'라는 의식이 보통 사람보다 훨씬 강하다. 시간은 한정돼 있기 때문에 자유롭게 쓸 수 있는 시간을 조금이라도 늘려 그 시간을 의미 있게 활용하려는 것이다.

 일상에서 예를 들면, 부자들은 시간을 아껴 주는 가전을 활용해 가사 노동 시간을 줄인다. 로봇 청소기는 외출한 사이에 청소해 주므로, 집을 깨끗이 해 준다는 가치에 나의 시간을 늘려 준다는 가치까지 더해지는 셈이다. 하루에 청소 시간이 30분이라면 이러한 가전에 투자하는 것만으로 1년에 180시간을 벌게 된다. 세탁 건조기와 식기세척기도 집안일에 들이는 시간을 크게 줄이고 자유 시간을 늘려 줘 부자들이 추천하는 가전이다.

이동할 때 택시를 자주 이용하는 것도 부자들의 특징이다. 경제적 여유가 있어서이기도 하지만, 목적지까지 최단 시간에 도착해 시간을 낭비하지 않으려는 이유가 더 크다. 그들은 택시 안에서도 스마트폰으로 정보를 수집하거나 이메일과 SNS를 확인하는 등 이동 시간을 효율적으로 활용한다.

어느 부자는 주변의 도움을 받아 하루를 24시간 이상으로 활용한다고 말했다. 그에게는 비서가 있다. 비서라고 하면 경영자처럼 상당히 바쁘고 경제적으로 여유 있는 사람만 고용할 수 있을 것 같지만 최근에는 인터넷으로 간편하게 의뢰할 수 있고, 주 몇 회나 하루 몇 시간 등 자신의 필요에 맞게 이용할 수도 있다. 그는 기차나 비행기 등의 교통편 예약, 호텔 예약, 간단한 문서 작성 등 자신이 직접 하지 않아도 되는 일은 모두 비서에게 맡긴다고 한다.

이처럼 다른 사람의 시간을 사면 자신의 시간이 늘어날 뿐만 아니라 직접 해야 할 일과 맡길 일을 구분해 업무를 보다 체계화할 수 있고 사람을 고용하는 경험도 쌓을 수 있다. 회사원이라면 조금 어려울 수 있지만, 경영자나 프리랜서라면 고려해 볼 만하다.

시간을 늘리는 세 가지 요령

첫째는 포기다.

필요 없는 업무는 과감히 손에서 놓고 가치관이 맞지 않는 커뮤니티나 단체와는 거리를 둬 시간을 확보한다. 예를 들어 대표자가 바뀌며 운영 방침이 달라져 자신의 가치관과 어긋나게 된 커뮤니티 모임에는 참석하지 않는다.

둘째는 자동화다.

습관적으로 반복하는 일을 체계화해 시간을 확보한다. 예를 들어 각종 납부나 송금 등의 정기적인 은행 업무는 ATM기를 이용하는 대신 자동이체로 설정한다. 시간을 아껴 주는 가전도 여기에 해당한다.

셋째는 위임이다.

자신이 하지 않아도 되는 일, 다른 사람이 하는 편이 더 효율적인 일은 다른 사람이나 전문가에게 맡겨 시간을 확보한다. 예를 들어 세금 신고, 유언장 작성 등 손이 많이 가거나 실수하면 안 되는 일은 세무사나 변호사와 같은 전문가에게 맡긴다. 비서도 여기에 해당한다.

나에게 이 세 가지 요령을 알려 준 부자는 이를 의식적으로 실천하며 하루를 두 배로 활용할 수 있도록 시간을 관리하고 있었다.

부자들이 여유 시간에 몰두하는 것

비용을 들여 얻은 시간을 허무하게 보낸다면 본전도 못 찾는 셈이다. 부자들은 그 시간을 학습이나 취미 활동에 쏟는다. 예를 들어 골프가 취미인 부자 중에는 거의 프로 수준이 될 때까지 열중하는 사람들이 있다. 어떻게 그렇게 취미에 노력을 기울일 수 있는지 한 부자에게 묻자 그는 이렇게 대답했다.

"뭐든지 일단 해 보는 게 중요합니다. 행동하고 경험해 봐야 비로소 내게 도움이 되는 것과 불필요한 것을 구분할 수 있어요. 그렇게 내게 의미 있는 것을 찾으면 그 활동에 더 몰입하게 됩니다."

그리고 이렇게 덧붙였다.

"돈과 시간을 투자한 취미는 또 다른 수익을 가져다줍니다."

나 역시 취미가 인맥을 쌓는 데 도움이 된다고 느낀다. 새로운 고객과 이야기를 나눌 때, 상품이나 서비스 같은 '일 이야기'보다 공통의 '취미 이야기'를 하는 편이 훨씬 금방 가까워질 수 있다. 열중하는 취미를 갖고 관련 정보를 공유하면 자연스럽게 상대와 접점을 찾고 관계를 발전시킬 수 있다.

자유롭게 사용할 수 있는 시간에는 학습과 취미에 몰두하고 관련 커뮤니티에 적극적으로 참여해 보자.

정보와 인맥으로 시간을 선물한다?

부자들은 서로 정보와 인맥을 자주 주고받는다. 이는 결과적으로 '시간을 선물'하는 효과가 있다. "○○라는 정보를 알려 주서서 문제 해결 시간을 줄일 수 있었어요", "△△씨를 소개해 주서서 직접 조사하는 수고를 덜었어요"와 같이 정보와 인맥의 제공은 상대가 원래 들여야 할 시간을 줄여 주기 때문이다.

부자들은 행사나 파티를 자주 개최하는데, 이는 단순히 즐거움만을 위해서가 아니다. 자신과 비슷한 생각과 가치관을 가진 사람을 모아 정보 자산과 인맥을 교환하게 함으로써 짧은 시간 안에 효율적으로 서로를 성장시키기 위해서다.

부자는 스케줄의 절반 이상을 비워 둔다

"시간 여유가 없으면 기회가 왔을 때 잡을 수 없어요."

자극을 찾아 새로운 경험과 도전을 꾸준히 이어 온 60대 부자가 한 말이다. 시간 여유는 기회를 놓치지 않기 위한 최소한의 조건이라는 뜻이다.

부자는 눈앞에 갑자기 나타난 기회나 인연을 되도록 붙잡고 싶어 한다. 따라서 주간 일정표의 절반 이상을 비워 둔다. 매일 일정을 빽빽하게 채우고 몇 주 뒤까지 빈 시간이 없는 사람도 있지만, 부자들은 대개 이를 바람직하게 여기지 않는다. '내일 와 주면 함께 즐거운 경험을 할 수 있다', '3일 안에 계약하면 혜택이 있다'와 같이 예상치 못한 기회에 응할 수 없기 때문이다.

"2주 뒤에 뉴욕에 가는데, 같이 가시겠어요?"
"좋네요, 같이 가시죠!"

부자들 사이에서는 이러한 속도감 있는 대화가 자연스럽게 오간다. 기회가 찾아왔을 때 기존 일정을 취소하면 된다고 생각할 수도 있다. 그러나 부자들은 일정을 조정할 때 선약을 우선시한다. 나중에 생긴 일정 때문에 이전 약속을 늦추는 일은 되도록 하지 않는다. 자기 편의대로 약속을 바꾸면 신뢰를 얻을 수 없기 때문이다. 따라서 부자들은 일정에 여유를 두어 뜻밖의 좋은 기회를 놓치지 않고 확실히 잡을 수 있도록 준비한다.

이를 실현하기 위해서는 자유롭게 사용할 수 있는 시간을 조금이라도 늘려야 한다. 이것이 바로 '시간을 돈으로 사는' 이유다.

🔸 부자들의 돈 계산

부자들은 포기, 자동화, 위임으로 자유롭게 쓸 수 있는 시간을 늘린다. 그 시간을 학습, 취미, 인맥 관리에 활용하며 점점 더 큰 부를 끌어당긴다.

28

부자가 건강에
신경 쓰는 이유

한 부자가 말했다.

"건강을 잃으면 돈에서 가치를 끌어내는 능력이 떨어집니다."

등산을 예로 들어 보자. 등산 능력이 100점인 사람이라도 나이가 들어 무릎과 허벅지가 약해지면 모처럼 돈을 들여 산에 올라도 그 능력을 온전히 발휘할 수 없다. 그런데 등산 능력은 50점이지만 신체가 건강한 사람은 같은 비용을 들여 산에 올랐을 때 더 많은 것을 얻을 수 있다.

따라서 돈을 더 효과적으로 사용하려면 건강을 소홀히 해서는 안 된다. 지금의 자신과 20년 후의 자신을 비교했을 때 돈을 더 효과적으로 쓸 수 있는 건 건강한 지금이다. 이를 잘 아는 부자들은 돈의 가치를 최대한 활용할 수 있는 몸과 마음을 유지하기 위해 '건강'에 투자를 아끼지 않는다. 구체적으로 어떻게 돈을 쓰는지 살펴보자.

돈은 건강할 때 써라

첫째, 건강을 위해 먹을 것에 신경 쓴다. 식재료의 성분과 산지를 꼼꼼히 확인하고, 영양 균형을 고려해 적당량을 먹는다. 당분 섭취를 줄이고 좋은 기름을 섭취하는 등 이론에 기반한 건강식을 실천하는 사람도 많다. 그동안 많은 부자를 만났지만, 과음과 폭식을 하는 사람은 한 명도 없었다. 과음과 폭식은 건강을 해친다. 무슨 일이든 합리적으로 생각하는 부자들은 잠깐의 쾌락에 빠지지 않으려 노력한다.

둘째, 침구를 중시한다. 수면은 건강 유지와 체력 회복을 위해 매우 중요한 요소다. 이 점을 잘 아는 부자들은 수면의 질을 높이기 위해 침실과 침구에 공을 들인다. 침구는 무조건 값비싼 거위털 이불이 아니라 자신에게 맞는 침구를 꼼꼼히 고른다. 주로 옆으로 누워 자는 한 부자는 안고 자는 베개를 특히 신경 써서 고른다고 한다. 더 쾌적한 베개를 찾기 위해 항상 신상품을 확인할 정도다.

셋째, 신발 역시 부자들이 건강에 중요하다고 여기는 아이템이다. 한 부자는 외출해 사람을 만날 때는 반짝이는 가죽 구두를 신지만, 평소에는 활동하기 편한 신발을 신는다고 한다. 자신에게 맞는 신발을 신는 것만으로도 균형과 체력을 유지하고 피로를 줄이는 데 큰 도움이 된다. 이처럼 건강을 중시하는 부자들은 평소 신는 신발에도 세심하게 신경을 쓴다.

넷째, 치아를 꼼꼼히 관리한다. 나는 치아 상태가 엉망인 부자를 만나 본 적이 없다. 대부분의 부자는 3개월에서 반년에 한 번씩 치과에 가서 정기적으로 관리받는다.
이와 더불어 부자들이 특히 신경 쓰는 부분은 '교합'이다. 교합이 잘 맞으면 위아래 치아에 힘이 고르게 분산돼 치아와 뼈에 부담이 줄어든다. 결과적으로 병에 잘 걸리지 않는 건강한 몸이 된다고 한다. 치아를 꽉 무는 일이 잦은 프로야구 선수나 럭비 선수 등 톱 클래스 선수들도 최상의 컨디션으로 최고의 성과를 내기 위해 교합을 관리한다.

한 부자는 신체에 부담을 주면서까지 하는 치아 교정에 대해 "건강을 생각한 치아 배열이 아니라 그저 외모만 다듬은 것뿐이다"라고 말했다. 조금 과한 생각일 수도 있지만, 치아를 관리할 때는 이러한 관점을 한번 떠올려 보는 것도 좋다.

다섯째, 병이나 부상을 치료할 때 여러 의사를 찾아 소견을 묻고 다른 치료법은 없는지 확인한다. 자신이 다니는 병원에 해당 질병이나 증상에 맞는 최고의 의사가 있다는 보장은 없다. 친분이 있는 의사라도 그의 말만 받아들이지 않고 여러 전문가의 의견을 종합해 최적의 치료 방법을 찾는다. 정이나 의리에 휘둘리지 않고 합리적인 판단을 하는 것이다.

큰 질병이 아니라면 그럴 필요를 느끼지 못 할 수도 있지만, 암과 같이 생명과 관련된 중대한 질병이나 치료에 시간이 오래 걸리는 생활습관병이라면 여러 전문가의 의견을 들어 보는 것이 좋다.

여섯째, 부자들은 질병 예방에도 관심이 높아 정기 건강검진은 물론 다양한 검사를 받는다. 그중에서도 암을 조기에 발견할 수 있는 최신 암 검사에 관심이 높다. 최근에는 신체에 부담이 적은 소변 검사나 혈액 검사만으로도 암 발병 가능성을 정밀하게 진단할 수 있는 검사가 인기를 끌고 있다.

부자 중에는 건강 관리를 위해 적절한 영양제를 섭취하는 사람도 적지 않다. 특히 식단 관리를 철저히 하는 사람일수록 자신에게 부족한 영양소를 골라 섭취하는 경우가 많다.

일곱째, 스트레스 해소를 위해 노력한다. 스트레스가 쌓이면 자율 신경이 흐트러져 심신의 건강에 악영향을 준다고 알려져 있다. 부자들은 스트레스를 해소하기 위해 별장에 머물거나 해외로 떠나기도 하며, 자신에게 선물을 하거나 정해 둔 한도 안에서 도박을 즐기기도 한다. 물론 돈을 벌기 위한 도박은 아니다. 사람에게는 '스트레스 해소'를 위한 투자도 필요하다. 좋아하는 것을 지나치게 억누르지 않고 때로는 적절히 돈을 쓰는 것이 결국 건강에도 좋은 영향을 준다.

부자들의 돈 계산

건강해야 돈의 가치를 제대로 활용할 수 있다. 따라서 부자들은 건강에 투자를 아끼지 않는다. 자신의 건강을 위해 어디에 투자하면 좋을지 생각해 보자.

29

부자는 리스크 관리에 투자한다

한 부자는 "사람들이 자산을 늘릴 생각만 할 뿐 지킬 생각은 안 해요"라고 말했다.

부자들은 '리스크 관리'의 전문가다. 리스크를 대비하지 않으면 예상치 못한 사태로 막대한 자산을 잃을 가능성이 있기 때문이다. 부자와 보통 사람들은 자산 규모가 다르므로 부자들의 리스크 관리법을 모두 따라 할 필요는 없다. 여기서는 누구나 적용할 수 있는 것들을 소개한다. 다만 리스크 관리에 비용을 너무 많이 들여 자산이 크게 줄어들면 본말이 전도되는 셈이다. 자신의 자산 규모에 따라 합리적으로 판단하고 최소한의 필요부터 차례로 비용을 들이는 것이 바람직하다.

사망 리스크 관리하기

내가 부자들에게서 배운 효과적인 리스크 관리 요령은 정보를 올바른 순서로 파악하는 것이다.

가족을 지키기 위한 생명 보험을 생각해 보자. 언제가 될지는 아무도 모르지만, 사람은 언젠가 반드시 죽는다. 부자들은 자신이 죽은 뒤 고액의 상속세 때문에 남은 가족의 자산이 줄어드는 것을 리스크로 인식한다. 따라서 그 대책으로 생명 보험을 효과적으로 활용한다. 평범한 가정에서 상속세를 걱정할 일은 많지 않지만, 그 대신 남은 가족이 생활하는 데 필요한 자금을 미리 생각해 두어야 한다.

이때 가장 먼저 확인해야 할 정보는 민간 보험이 아니라 '국가 제도'다. 일본에서는 본인이 사망했을 때 배우자에게 공적 연금에서 유족 연금이 지급된다. 자녀가 있다면 자녀의 나이에 따라 추가로 지급되는 금액도 있다. 다음으로 확인해야 할 정보는 회사의 사망 퇴직금이나 조의금 제도다. 어느 범위까지 얼마를 받을 수 있는지 미리 알아 두면 좋다.

여기까지 파악한 뒤 다시 자산 현황을 점검했는데 가족을 지키기 위한 자금이 부족하다면, 그때 비로소 민간 보험 회사의 생명 보험을 고려할 차례다.

민간 보험 회사의 생명 보험을 검토할 때도 합리적인 순서가 있다. 우선 자신이 소속된 회사에서 제공하는 '단체 보험', 다음으로는 지역별로 운영하는 '공제'(일본에서는 농협, 생협, 노동조합, 어협 등의 협동조합이 공제사업을 하는데, 조합원들의 품앗이를 위해 비영리로 운영하는 제도로, 조합원들의 부담이 크지 않다. 보험료가 저렴하고, 잉여금이 있을 경우 1년간 납부한 보험료의 일부를 환급받을 수도 있다.—옮긴이), 마지막으로 'ㅇㅇ생명' 같은 이름이 붙은 일반 생명 보험 회사의 상품 순으로 살펴보는 것이다.

단체 보험은 회사라는 단체가 보험사와 계약하기 때문에 규모가 커서 개인이 가입하는 것보다 저렴하다. 다만 회사에 소속돼 있다는 전제가 필요하므로 가입 기간이 한정되며 이직할 때마다 보험 내용을 다시 점검해야 한다는 점에 유의해야 한다.

다음은 '공제'다. 공제는 영리 목적이 아니며, 매년 결산을 통해 사용되지 않은 보험료의 일부를 '배당금' 형태로 돌려받을 수 있다. 많을 때는 50퍼센트 가까이 환급되기도 하므로 보험료 부담을 상당히 줄일 수 있다. 다만 나이가 들수록 매년 보험료가 올라간다는 점과 사망 시 유족이 받는 금액이 약 500만 엔 정도로 크지 않다는 점 등에 주의해야 한다.

마지막으로 민간 보험 회사의 '생명 보험'인데, 회사별로 다양한 상품을 판매하고 있기 때문에 판단하기가 매우 어렵다. 보장 내용이 비슷해 보여도 회사마다 세부 조건이 다르니 꼼꼼히 확인할 필요가 있다. 공제와 비교하면, 더 큰 보험금을 받는 계약이 가능하므로 지금까지 소개한 제도들을 활용한 뒤 부족한 부분을 메우는 용도로 활용하기에 효과적이다.

다만 이러한 '가족을 지키기 위한 보험'은 어디까지나 필요한 자산이 마련될 때까지의 임시 수단으로 생각하는 것이 바람직하다. 자산을 늘려 언젠가는 보험에서 졸업한다는 의식을 가지고 있어야 한다.

건강 리스크 관리하기

실손 의료 보험과 암 보험 등 건강을 위해 가입하는 보험도 올바른 순서로 정보를 확인해야 한다.

질병이나 부상으로 병원에서 치료받을 때 공적 의료보험 제도에 따라 보험 적용 치료의 자기 부담 비율이 정해져 있다. 치료비가 고액일 경우에는 '본인 부담 상한제'가 있어 소득에 따라 자기 부담액 상한이 정해지므로 실제 부담은 제한적이다. 회사에 따라서는 자체적으로 건강 보험 조합을 운영

해 직원의 부담을 줄이는 제도를 마련하기도 한다. 예를 들어 일부 상장 기업의 건강 보험 조합에서는 직원들의 의료비 자기 부담금이 월 2만 엔을 넘지 않도록 보조해 주는 등의 혜택을 마련하고 있다. 이러한 제도를 모두 확인한 후에도 불안을 느낀다면 실손 의료 보험과 암 보험을 고려해 보는 것이 좋다.

이렇게 설명하면 민간 보험의 장점이 별로 없는 것처럼 느껴질 수 있지만, 민간 보험은 공제에 없는 고액의 보험금을 받을 수 있는 장점이 있으며 회사마다 특색 있는 상품이 있다. 파이낸셜 플래너와 같은 전문가와 상담하며 자신에게 맞는 보험을 잘 활용하면 좋을 것이다.

최근에는 국가나 회사의 제도가 충분하기 때문에 예금만 있으면 생명 보험이나 실손 의료 보험은 필요 없다는 인터넷 기사와 유튜브 영상 등이 늘고 있다. 하지만 실제로는 일단 병에 걸리면 저축을 깨서라도 치료해야겠다는 마음을 갖기가 쉽지 않다. 특히 어린 자녀가 있는 가정에서는 앞으로 들어갈 교육비를 걱정한 나머지 저축을 쓰면서 치료하는 것을 망설이는 경우가 적지 않다. 막상 그런 일이 생겼을 때 자신은 어떻게 할지 미리 상상해 보고, 필요하다면 민간 보험도 활용하는 것이 진정으로 합리적인 판단이라고 할 수 있다.

손해 배상 리스크 관리하기

병원을 막 개업한 40대 안과 의사가 달리던 택시에 치여 사망한 사고가 있었다. 사망 배상액은 약 5억 엔이었다. 이 정도의 금액을 청구받게 되면 인생은 파탄 날 수밖에 없다. 따라서 교통사고를 일으킬 경우를 대비해 자동차 종합 보험에 가입해 두는 것이 좋다. 의무적으로 가입하는 자동차 책임 보험만으로는 사망 보장이 최대 3,000만 엔까지만 나온다.(한국은 1억 5,000만 원—옮긴이)

이와 마찬가지로, 화재 보험 역시 꼭 들어 두면 좋은 손해 보험 중 하나다. 만약 화재로 집이 전소하면 새로 집을 지을 뿐 아니라 가전이나 가재 등도 모두 다시 마련해야 한다. 화재 보험은 이러한 비용까지 보상해 주는 상품이 많다.

소송 및 상속 분쟁 리스크 관리하기

소송이나 상속 분쟁에 대비하려면 전문가의 도움을 받을 수 있는 환경을 만들어 둘 필요가 있다. 법률 상담은 변호사에게, 세금 관련 상담은 세무사에게 한다. 등기와 공탁 업무는 법무사가, 행정기관에 제출할 서류는 행정사가, 노동 보험 사회 보험 관련 업무는 노무사와 상담할 수 있다. 각 분야의 전문가들과 평소에 신뢰 관계를 쌓아 두면 좋다.

이런 전문가들은 서로 연결된 경우도 많으므로 한 분야의 전문가에게 다른 분야의 전문가를 소개받는 것도 좋다.

일반적으로 사람들은 자산을 늘리는 데만 신경을 쓰다 보니 리스크 관리에는 소홀해지기 쉽다. 그러나 예상치 못한 사태가 일어나면 모든 걸 잃을 수 있다는 불안감 속에서 자산을 늘리기보다 무슨 일이 닥쳐도 대응할 수 있다는 안정감 속에서 자산을 늘리는 편이 심리적으로도 훨씬 건강하다. 소중한 자산을 지키기 위해 리스크 관리에도 합리적으로 돈을 쓸 수 있게 된다면, 이는 당신도 부자들의 사고방식에 한 걸음 더 가까워졌다는 증거다.

무슨 일이 일어나도 돈 때문에 어려움을 겪지 않는 '지지 않는 인생'을 살도록 준비하자.

💰 부자들의 돈 계산

자산은 늘리는 것뿐만 아니라 지키는 것도 중요하다. 리스크 관리에 투자한다면 우선 어떤 방법이 있는지 정보를 확인해 두자.

30

자녀가 어릴 때
더욱 투자하라

지금 아이를 키우는 사람이나 앞으로 아이를 가질 예정인 사람은 자녀의 성장을 위한 투자를 잊지 말아야 한다. 내가 만난 부자들 대부분은 아이가 어릴 때일수록 돈을 많이 들이고 있었다. 반대로 고등학생이나 대학생이 되면 학비는 지원하더라도 그 이상의 투자는 하지 않는 경향이 있다. 여기에는 어떤 합리적인 이유가 있을까?

교육에 돈을 들였을 때 어떤 효과가 있는지를 경제학 이론이나 데이터로 분석하는 '교육 경제학'이라는 연구 분야가 있다. 여기서 말하는 효과란, 교육을 통해 아이가 좋은 직업을 갖거나 미래의 수입이 높아지는 것만을 의미하지 않는다. 교육에 투자한 금액이 미래의 행복과 수명, 건강 등에 어떻게 영향을 미치는지까지 분석한다. 교육이 가져오는 모든 효과를 경제적 가치로 환산해 평가하려는 학문이다.

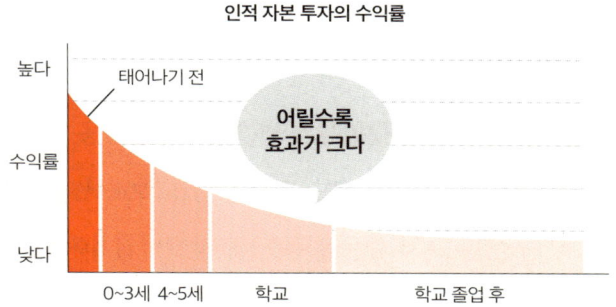

교육 경제학의 여러 연구 결과에 따르면, 가장 높은 투자 수익률을 보이는 시기는 유년기다. 여기서 투자란 공부에 쓰는 돈만이 아니라 훈육과 같은 인성 교육, 건강과 체력 향상에 사용하는 비용까지 포함한다.

노벨 경제학상을 수상한 시카고 대학교 제임스 헤크먼 교수의 연구에 따르면, 아이의 연령대별로 '교육에 투자한 돈'의 수익률을 분석했을 때 나이가 어릴수록 수익률이 높고, 이후 점차 낮아지는 경향이 나타난다. 또한 문부과학성의 조사에 따르면, 일반 가정에서는 대부분 아이가 성장할수록 교육비 지출이 증가하는 경향을 보인다. 교육 경제학의 관점에서 생각하면 이는 비합리적인 소비 패턴이다.

이러한 관점에서 볼 때, 어린 시절부터 아낌없이 교육에 투자하는 부자들의 방식은 매우 합리적이라고 할 수 있다.

선택의 기회는 다양한 경험에서 생긴다

부자들에게는 교육 방식에도 특징이 있다. 교육을 시작할 때, 처음부터 여러 가지 활동을 동시에 경험시킨다는 것이다.

보통 가정에서는 "계속 축구만 시키고 있어요" 또는 "영어 회화 학원만 보내고 있어요"라며, 부모가 선택한 한 가지 활동만 집중적으로 시키는 경우가 많다. 물론 아이의 의사와 희망도 중요하지만, 그 교육이 정말로 아이에게 최선인지는 알 수 없다. 어쩌면 아이에게 숨겨진 재능이나 더 흥미를 느끼는 다른 분야가 있을지도 모른다.

그래서 부자들은 자녀에게 여러 가지를 동시에 경험시키며 아이의 특성과 선호를 파악하려고 한다. 동시에 여러 가지를 배우다가 아니다 싶은 것은 바로 그만두면 된다고 생각한다. 어느 집에서는 아이에게 피아노, 발레, 서예를 한꺼번에 가르쳤고, 그중 가장 흥미를 느끼는 것이 피아노라는 사실을 알았다. 결국 그 아이는 음악 대학에 진학했고 졸업 후 오스트리아 빈으로 건너가 피아니스트로 활약하고 있다.

만약 한 가지 활동만 경험했다면 중간에 포기했을 때 다른 선택지가 없어서 지나치게 낙담하거나 잘못된 길로 빠질 위험이 있다. 어떤 부자는 "아이가 어릴 때부터 인생에는 다양한 선택지가 있다는 것을 알았으면 좋겠다"고 말했다. 이 말처럼, 아이에게 여러 활동을 동시에 경험하게 해 선택의 기회를 주는 것이 중요하다. 최근에는 일일 무료 체험을 제공하는 학원도 많다. 자녀의 재능을 키워 주기 위해 이를 적극 활용해 보자.

자녀는 부모의 자산을 이어받을 소중한 존재다. 아이가 부모보다 풍부한 지식과 경험을 갖게 되면 그 가족은 세대를 이어 오래도록 번영할 것이다. 자녀를 둔 사람이라면 조금 무리를 해서라도 아이가 어릴 때 투자하기를 추천한다.

🔸 부자들의 돈 계산

자녀에게 투자하기 가장 좋은 시기는 유년기다. 다양한 교육과 도전으로 아이의 재능과 흥미를 찾아보자.

칼럼

생명 보험 보장 금액이
필요 이상으로 높았던 고객 이야기

파이낸셜 플래너로 일하다 보면, 자신이 가입한 보험을 점검해 달라는 상담 요청이 많다. D씨와 그의 아내 역시 그런 경우였다. D씨의 아내는 매달 내는 생명 보험료가 비싼 것 같다며 점검을 부탁했다.

D씨는 독학으로 파이낸셜 플래너 자격을 취득할 정도로 금융 지식에 자신감이 있었다. 자료 조사를 무척 좋아하는 그는 생명 보험이 필요하다고 판단한 뒤 열 군데가 넘는 보험사에서 자료를 받아 꼼꼼히 비교해 계약했다고 한다.

"계약한 지는 10년도 더 됐지만 제게 꼭 맞는 보험이에요.

지금은 가입할 수도 없는 좋은 조건이죠."

D씨는 자신 있는 얼굴로 말했다.

수입과 지출을 시뮬레이션 할 때는 본인이나 배우자가 사망할 경우의 상황도 계산한다. 유족이 받을 수 있는 공적 연금뿐만 아니라 생명 보험의 보험금도 반영할 수 있는 우수한 시스템이다.

시뮬레이션 결과, D씨는 생명 보험의 보장 규모가 과도하게 설정된 것으로 나타났다. "만약 지금 사망하시면 남은 가족은 필요한 금액보다 약 4배 많은 돈을 받게 됩니다. 의도하신 결과인가요?" 하고 물었다. 갑자기 얼굴이 어두워진 D씨의 기분이 상하지 않도록 주의하면서 설명을 이어 갔다.

"결론부터 말씀드리면, 관리가 조금 부족했던 것뿐입니다."

생명 보험은 자신에게 불의의 사고가 발생할 경우에 남겨진 가족이 경제적으로 어려움을 겪지 않도록 대비하는 제도다. 가족 구성과 자녀의 연령에 따라 경제적 부담 정도는 달라지는데, 일반적으로는 현재 시점에 위험 부담이 가장 크고 시간이 지날수록 점차 줄어든다. 예를 들어 영유아 등 어린 자녀가 있는 가정에서 불행한 일이 발생하면, 앞으로 자녀가 희망하는 진로를 위해 필요한 교육비를 전부 마련해야 한다. 그러나 자녀가 성장해 독립한 후에 그런 일이 생긴다면 교육비를 걱정할 필요는 없다.

10년 전 D씨의 두 자녀는 10세와 13세였다. 만약 자신이 죽더라도 아이들이 원하는 학교에 진학할 수 있도록 두 사람 몫의 교육비를 확보해 두려고 생명 보험을 계약했다. 세월이 흘러 두 자녀는 모두 사회인이 됐다. 교육비 마련을 목적으로 계약한 생명 보험은 이미 주어진 역할을 다한 것이다. 부부는 검소한 생활 덕분에 자산도 증가하고 있어, 8년 후에는 D씨가 사망해도 남은 가족이 경제적으로 어려움을 겪지 않는다는 사실을 확인했다.

"이제 슬슬 생명 보험에서 졸업하는 것을 고려해 봐도 좋을 시기네요."

나는 부자들에게 배운 '자산과 리스크의 리밸런싱' 이야기를 하기로 했다.

자수성가한 부자들과 이야기를 나누다 보면 생명 보험을

어떻게 활용할지가 자주 화제에 오른다. 그들은 자산 규모와 상관없이 생명 보험은 필요하다고 말한다. 자산은 없는데 지켜야 할 가족이 있다면 남겨진 가족이 생계에 어려움을 겪지 않도록 생명 보험에 가입해야 한다. 반대로 자산이 많을 때는 상속세를 대비해 생명 보험이 필요하다. 그 중간, 즉 가족이 어려움을 겪지 않을 만큼의 자산은 있지만 상속세를 걱정할 정도는 아니라면 생명 보험에 의지하지 않아도 된다.

부자들은 이처럼 자산 규모의 변화에 따라 항상 리스크 대비책을 재점검한다.

자신의 생활은 전혀 변하지 않더라도 법률이나 사회 제도 등 외부 요인의 변화에 영향받을 수 있기 때문에 정기적으로 재점검할 필요가 있다. 세제 개편, 금융 제도와 연금 제도 변경 등 법률과 제도의 개정은 반드시 확인해야 한다. 생명 보험의 경우, 보험료를 산출하는 기준이 되는 '경험 생명표'가 개정되는 시기에 많은 보험사가 보험료를 조정한다. 평균 수명이 길어지고 있기 때문에 보험료는 개정될 때마다 인하되는 경향이 있다. 평균 수명이 길어지면 보험사가 가입자에게 지급하는 사망 보험금도 줄어들기 때문이다.

이에 맞춰, D씨의 현재 상황에 맞게 보험료 비중을 조정하도록 다음과 같이 조언했다.

"가입하신 생명 보험은 보험금을 4분의 1로 줄이는 계약으로 변경하시는 게 좋겠습니다. 월 보험료도 크게 줄어들 테니 절약된 돈의 일부를 운용하면 8년이 아니라 그보다 더 빨리 보험에서 졸업할 수도 있습니다."

D씨뿐만 아니라 대개 나이가 들수록 저축액이 증가하는 경향이 있다. 가족이 나이가 들면 남겨야 할 돈은 줄어들기 때문에 확보해야 할 생명 보험의 보험금도 해마다 내려간다는 점을 기억하자.

이제는 더 이상 가입할 수 없는 좋은 조건의 보험을 섣불리 해지하는 것은 분명 아깝다. 하지만 금융당국의 인가를 받은 생명 보험 회사는 일본 전국에 42곳(2023년 8월 기준—옮긴이)이나 있으며, 판매가 중단된 상품까지 합하면 그 종류는 1,000가지가 넘는다고 한다. 생명보험협회의 금융통계월보에 따르면 우리나라의 생명보험 회사 수는 2025년 7월 기준 22곳이다. 일반인이 자기 일을 하면서 이러한 상품의 특징과 차이를 꾸준히 파악하고 최신 정보를 유지하기란 사실상 불가능하다.

 '약은 약사에게'라는 말이 있듯, 보험은 보험 전문가와 상담하는 것이 좋다. 보험 가입을 지나치게 권유받을까 봐 걱정된다면 여러 보험사나 대리점의 담당자와 상담해 보고 가장 나에게 맞는 제안을 해 주는 사람을 찾아 선택하자.

5장

부자는 돈으로 시간을 번다

돈을 부르는 선택

31

경험의 투자 효과는
인생의 후반부에 극대화된다

2005년 6월 12일, 스티브 잡스는 미국 스탠퍼드 대학교 졸업식에서 'Connecting the dots(점들을 연결하라)'라는 전설적인 연설을 남겼다.

그는 연설에서 이렇게 말했다.

"학생 시절, 흥미에 이끌려 캘리그래피 수업을 청강했습니다. 그때 배운 지식이 10년 후 문득 떠올랐고, 그 결과 아름다운 서체를 가진 컴퓨터를 만들 수 있었습니다."

당시에는 미래를 위해 의도적으로 뭔가를 배우려던 것은

아니었다고 한다. 연설은 이렇게 이어진다.

"미래를 내다보며 점과 점을 연결할 수는 없습니다. 우리는 오직 지나간 일들을 되돌아보며 점들을 연결할 수 있을 뿐입니다. 그러니 지금 하고 있는 일들이 언젠가 인생의 어느 순간에 연결될 것이라고 믿어야 합니다."

그는 호기심과 직관을 따라 우연히 경험한 많은 것이 나중에 값진 자산으로 돌아왔다고도 말했다.

돌이켜 보면 나에게도 비슷한 경험이 있다. 나는 20대에 광고 제작 회사에서 그래픽 디자이너로 일하며 디자인 능력을 키웠다. 그 경험은 30대에 벤처 기업에서 영업 자료를 작성할 때 큰 성과로 이어졌다. 파이낸셜 플래너가 된 지금도 그때 쌓은 디자인 경험은 고객이 경영하는 기업의 로고, 명함, 팸플릿 등에 무료로 조언해 주는 아웃풋으로 이어지고 있다. 고객의 결혼식에 필요한 좌석표와 프로필 책자 등을 만들어 선물한 적도 있다.

그뿐만이 아니다. 디자이너로서 일하며 나는 '디자인적 사고'를 익혔다. 디자인을 구상할 때 사용하는 과정을 디자인 사고라고 부르는데, 이는 비즈니스 문제 해결에도 큰 도움이 된다. 영업 전략, 서비스 운영, 창업 등과 관련된 상담을 할 때는 일본 전역의 동료나 협력 기업과 온라인으로 의견을 나누며 디자인 사고를 활용해 함께 문제를 고민하고 해결 방안을 제시한다.

자는 시간마저 아까워하며 몰입했던 20대 시절의 디자인 경험은 단순한 기술 습득을 넘어 수많은 추억과 깨달음을 남겼고, 지금도 나에게 새로운 기회와 통찰을 주고 있다.

부자에게 배운 것 중 내가 가장 중요하게 생각하는 것은 바로 '경험'에 돈을 쓰는 일이다. 과거의 경험이 쌓여 현재의 나를 만들고, 축적된 경험이 인생의 여러 순간 반드시 지혜와 힘으로 돌아오기 때문이다.

경험보다 값진 투자는 없다

"인생은 경험의 연속으로 이뤄진다. 누구나 얻을 수 있는 지식이나 돈보다, 당신만이 얻는 경험이 가장 값지다."

"경험에는 돈과 시간이 들지만, 그만큼 기술을 익히거나 기쁨을 얻을 수 있다. 게다가 그 경험이 인생에 훗날 미칠 영향은 절대 작지 않다."

많은 부자가 이처럼 경험의 중요성을 이야기한다.

경험의 중요성은 돈으로 환산해 보면 이해하기 쉽다. 예를 들어 월 1만 엔분의 경험을 70년에 걸쳐 3.5퍼센트의 이자를 받으면서 매월 쌓아 올리는 경우, 다음과 같이 된다.

- 경험에 사용한 원금

1만 엔 × 12개월 × 70년 = 840만 엔

- 경험으로 얻은 이자

약 2,700만 엔

매월 경험에 1엔도 투자하지 않으면 1엔의 수익도 얻을 수 없다.

경험에 적극적으로 투자한 사람과 그렇지 않은 사람 사이에는 큰 차이가 발생한다. 그리고 경험에 대한 투자는 빨리 시작할수록 수익도 커진다. 지금 경험에 돈을 쓰라는 메시지와 세상에서 흔히 말하는 노후를 대비하라는 메시지는 서로 모순된 것처럼 보일 수 있다. 그러나 실제로 올지 알 수 없는 노후를 준비하느라 지금 누릴 수 있는 소중한 경험을 포기해서는 안 된다.

물론 미래를 생각하지 않고 마음대로 돈을 써도 된다는 뜻은 아니다. 다만 자산을 늘리기 위해 경험을 소홀히 하는 것은 그야말로 비합리적이라고 생각한다.

인생의 말년을 빛나게 하는 것은 돈과 지위, 명예가 아니라 그동안 쌓아 온 경험과 추억뿐이다. 이 사실을 깨닫지 못하면 아무리 큰 부자가 돼도 진정으로 행복한 인생을 살았다고 할 수 없다.

왜 지금 경험해야 하는가?

호스피스로서 오랜 세월 많은 환자를 돌본 브로니 웨어는 자신의 저서 《나의 오늘은 내일로 이어지지 않는다》에 사람이 죽음을 앞두고 가장 후회하는 다섯 가지를 적었다.

- 나에게 솔직한 삶을 살았더라면 좋았을 텐데.
- 일을 너무 열심히 하지 않았더라면 좋았을 텐데.
- 용기 내어 내 마음을 전했더라면 좋았을 텐데.
- 친구들과 계속 연락을 이어 갔더라면 좋았을 텐데.

- 행복을 포기하지 않았더라면 좋았을 텐데.

이 내용을 한마디로 정리하면, 자신이 원하는 타이밍에 원하는 경험을 해야 했다는 것이다. 앞의 말을 모두 실제 경험한 것으로 바꾸면 이렇게 된다.

- 나에게 솔직한 삶을 살아서 다행이다.
- 일을 너무 많이 하지 않아서 다행이다.
- 용기 내어 내 마음을 전해서 다행이다.
- 친구와 계속 연락을 이어 와서 다행이다.
- 행복을 포기하지 않아서 다행이다.

갑자기 최고의 인생을 살아온 사람처럼 느껴지지 않는가? 이처럼 경험이 인생의 마지막에 미치는 영향은 상상 이상으로 크며, 부자들은 특히 그 점을 잘 알고 있다.

다시 말하지만, 생의 마지막을 맞이하는 병실에는 그동안 쌓아 온 지위나 명성, 값비싼 물건이나 고급 자동차 등 어떤 것도 가져갈 수 없다. 마지막에 가져갈 수 있는 것은 오직 자신의 몸뿐이며, 머릿속에 남아 있는 경험, 즉 '추억'뿐이다.

내 주변에서 인생을 진정으로 즐기는 사람은 '부를 쌓은 사람'이 아니라, '추억을 쌓은 사람'이다. 미혼이기에 할 수 있는 일, 결혼했기 때문에 할 수 있는 일, 아이가 어려서 할 수 있는 일, 아이가 독립했기에 할 수 있는 일 등 각 시기에 할 수 있는 일들은 생각보다 제한적이다. 그리고 그 시기는 한 번 놓치면 다시는 돌아오지 않는 경우가 많다.

10년 후, 누군가와 결혼했다면 지금 즐기는 취미를 계속할 수 없을지도 모른다. 15년 후, 지금의 인간관계가 그대로 유지될 거라는 보장은 없다. 20년 후, 지금과 같은 체력을 유지하고 있을 거라고 장담할 수 없다.

시기와 기회를 놓치지 않고 돈을 효과적으로 써 자신이 원하는 경험을 쌓으면, 떠올릴 때마다 행복해지는 추억이 늘어난다. 이야말로 진정으로 현명하고 합리적인 돈 사용법이다.

💰 부자들의 돈 계산

경험에 돈을 쓰면 추억이라는 커다란 수익이 돌아온다. 그 투자 효과는 인생의 후반부에 극대화된다.

— 32 —

나이대마다 달라야 하는
경험 투자

 부자 중에는 나이가 들어도 끊임없이 도전하는 사람이 많다. 하지만 실제로는 그들 중에서도 조급함을 느끼는 사람이 적지 않다. 나이가 들수록 실패했을 때 잃는 것은 늘어나고, 성공해서 얻는 것은 줄어든다는 생각이 마음속 깊이 자리하고 있기 때문이다.

 이를 금융 투자에 비유하면 이해하기 쉽다. 예를 들어 30대에 300만 엔의 손실이 나면 아직 회복할 여력이 충분하므로 잃는 것이 적다. 반대로 300만 엔의 이익이 생기면 그 돈을 활용할 방법도 많고, 돈을 쓰면서 얻을 수 있는 가치도 크다. 말하자면, 저위험 고수익 상태인 것이다.

반면 70대에 300만 엔의 손실이 나면 회복하기 어렵기 때문에 잃는 것이 크다. 300만 엔의 수익이 생겨도 돈을 활용할 방법이 제한적이며, 돈을 써서 얻을 수 있는 가치도 작다. 고위험 저수익 상태인 셈이다.

결국 사람은 나이가 들수록 투자 효율이 떨어진다. 이는 금융 투자뿐 아니라 경험에 대한 투자도 마찬가지다. 젊은 시절의 실패는 얼마든지 만회할 수 있지만, 나이가 들어서 실패하면 그대로 끝나는 경우가 많다.

지금 시작하는 것이 저위험 고수익

파이낸셜 플래너로서 고객에게 장래의 꿈과 희망을 언제 이루고 싶은지 물어보면, "어느 정도 경험을 쌓은 후에", "돈이 모이면" 등 이런저런 조건이 충족되면 도전하겠다는 사람이 적지 않다. 하지만 그렇게 기다리는 사이 투자 효율은 점점 고위험 저수익에 가까워진다. 아까운 일이다. 하고 싶은 일은 가능한 한 신속하게 행동으로 옮기는 것이 좋다. 투자 효율 관점에서 생각하면 이것이 가장 합리적이다.

'하지 않는 이유'는 얼마든지 찾을 수 있다. 그렇기에 '어떻게 하면 할 수 있을까'라는 관점을 갖는 것이 중요하다. 이미 경험해 본 사람에게 방법을 배운다거나 부모님에게 돈을 빌리는 등 '하지 않는 이유'를 없애고 한시라도 빨리 행동을 시작하는 것이 '저위험 고수익'으로 경험하기 위한 철칙이다.

경험의 가치를 높이는 세대별 지출

경험을 쌓고 싶지만 막상 어떤 도전을 해야 좋을지 몰라 망설이는 사람도 있을 것이다. 지금부터 전할 내용은 세대별 돈투자처에 관해 부자들과 나눈 이야기를 정리한 것이다.

20대에는 미래의 성공으로 이어질 '실패 경험'과 '지식'에 돈을 써야 한다.

실패하는 경험과 새로운 지식은 미래의 성공으로 이어진다. 20대는 다양한 경험과 지식을 쌓으면서 전문성을 기르는 시기다. 그렇게 길러진 전문성이 기반이 돼 앞으로의 인생에서 가치와 부를 창출하는 원천이 된다. 이 시기에는 아직 금융 투자를 시작하지 않아도 괜찮다. 20대부터 S&P500 등에 투자하는 사람도 있지만, 경험을 쌓고 실력을 키워 커리어를 발전시키는 편이 결과적으로 수입을 높이는 가장 좋은 투자다.

30대에는 인맥에 돈을 쓰고 시야를 넓히며 금융 투자를 시작해 미래를 준비한다.

일정한 지식과 경험이 쌓인 30대는 커리어와 인생의 다음 단계를 위해 인맥을 확장하고 시야를 넓히는 데 돈을 쓸 시기다. 사람들이 모이는 커뮤니티에 참여하거나 직접 이벤트를 기획하는 등 인생을 풍요롭게 해 줄 사람들과의 접점을 늘려가야 한다. 금융 투자를 시작하기에도 이 시기가 적절하다. 이 시기에 투자하면 설령 손실이 발생하더라도 회복할 시간이 충분하다.

30대는 지식 습득에도 계속 돈을 써야 한다. 대부분의 30대는 일터에서 어느 정도 일을 스스로 해낼 수 있기 때문에 새로운 지식을 배우려는 자세를 잃기 쉽다. 이때 배움의 자세와 습관을 만들어 두지 않으면 이후에는 이를 지속하기 어려워진다.

40대에는 가족과 추억을 만들고 리스크를 관리해야 한다.

40대는 돈 사용법이 크게 나뉘는 시기다. 결혼해서 가족이 있는 사람이라면 가족과의 추억을 만들거나 자녀의 성장을 위해 돈을 쓴다. 가족이 생기면 책임감도 커진다. 만약 자신이 사망할 경우, 남겨진 가족이 경제적 어려움을 겪지 않도록 리스크 관리에도 돈을 써야 한다. 다만 자산이 증가할수록 가족이 경제적 어려움을 겪을 리스크는 줄어든다. 리스크 대비에 과도한 돈을 쓰지 않도록 균형을 살펴 필요한 최소한으로 돈을 쓰도록 한다.

혼자 사는 경우라면, 노후를 대비해 본격적으로 자산을 늘려야 할 시기다. 돈을 자유롭게 쓸 수 있는 만큼, 무심코 지갑을 열지 않도록 주의하며 철저히 계획을 세운다.

50대에는 건강과 시간에 돈을 쓰고 여유를 확보하며 노후를 준비해야 한다.

노후를 즐겁고 건강하게 보내기 위해서라도 50대부터는 건강을 의식한 소비를 해야 한다. 돈을 아끼려고 먹는 것에 소홀하면 안 된다. 몸이 망가져 치료비가 더 들면 그야말로 비경제적이다. 적절한 운동도 중요하다. 운동을 시작할 계기가 되거나 의욕을 높여 준다면, 러닝화나 멋진 운동복을 구입하는 것도 좋다.

시간에 돈을 쓰는 것도 중요하다. 어릴 적, 하루가 끝없이 길게 느껴졌던 경험은 누구나 있을 것이다. 하지만 나이가 들수록 시간은 점점 더 빠르게 흘러가는 것처럼 느껴진다. 이 현상은 프랑스 철학자 폴 자네의 이름을 딴 '자네의 법칙'으로 알려져 있다. 이 법칙은 사람이 느끼는 시간의 체감 길이가 나이에 반비례한다는 이론이다. 10세에게 1년은 인생의 10분의 1이지만, 50세에게 1년은 인생의 50분의 1에 불과하다. 나이가 들수록 인생에서 1년이 차지하는 비중이 작아지기 때문에 시간이 더욱 빠르게 흘러간다고 느낀다.

시간이 빠르게 느껴지는 또 다른 이유는, 매일 같은 일을 반복하는 생활에 뇌가 익숙해지기 때문이다. 이 시기에 아무 생각 없이 하루하루를 보내다 보면 순식간에 시간이 흘러가 버릴 수 있다.

어릴 때처럼 체감 시간을 길게 만드는 가장 효과적인 방법은 '도전'이다. 새로운 것에 도전하고 시행착오를 겪으면서 뇌에 적당한 스트레스를 주면 뇌는 그 시간을 알찬 시간으로 인식한다. 체감 시간도 자연스럽게 길어진다.

인생의 후반부, 아무것도 하지 않은 채 순식간에 끝내지 않도록 체감 시간을 늘려 줄 새로운 도전에 돈을 써야 한다.

60대 이후에는 지금까지 배운 '합리적인 돈 사용법'을 활용하며 인생을 즐기면 된다.

노후는 인생의 집대성이다. 그동안 쌓아 온 노하우를 최대한 활용해 인생을 즐겁게 살아가자. 여기서 제시한 나이대별

'돈의 투자처'는 어디까지나 예시일 뿐이다. 60대가 돼서도 새로운 지식을 익히거나 인간관계를 넓히는 데 투자해도 좋다.

제3장에서 설명한 라이프 플랜을 실현하기 위해서 언제 무엇에 도전해야 하는지 역산해 보면 자연스럽게 자신이 무엇을 경험해야 하는지 알게 된다.

💰 부자들의 돈 계산
경험에 대한 투자는 빨리 시작할수록 저위험 고수익이 된다. 라이프 플랜에 따라 지금 당장 해야 할 일을 망설이지 말고 실행하자.

33
부와 행복을
함께 쌓는 방법

"경험에도 수명이 있구나."

한 부자 남성은 이렇게 중얼거리며 한숨을 내쉬었다. 시기를 놓치면 다시는 같은 경험을 할 수 없다는 사실에 깊은 후회를 느끼고 있었다.

그는 40대에 첫아이가 태어났다고 한다. 마침 자신이 대표로 있던 회사가 상장을 목표로 준비하던 시기였기에, 그는 아내에게 상장이 끝나면 여유롭게 아이를 돌보겠다고 말했다. 그러나 막상 회사가 상장하자 '힘들게 회사를 키웠으니 조금 더 큰 목표를 향해 나아가자!'라는 생각이 들어 결국 20년간 일에만 몰두했다고 한다.

그 결과 자산은 몇 배나 늘어났지만 가족과 행복하게 살아가는 데에는 그렇게 큰돈이 필요하지 않았다. 은퇴한 그가 이 사실을 깨달았을 때 육아는 이미 끝나 있었다. 그는 아버지로서 역할을 다하지 못했고, 자녀와의 신뢰를 쌓지 못한 것을 크게 후회했다. 이제 와서 육아를 '경험'하려 해도 그 경험의 수명은 이미 다한 상태였다.

일본 총무성의 사회 생활 기본 조사 데이터를 기반으로 계산했을 때 부모가 자녀와 평생 함께 보내는 시간은 서로 얼굴을 마주하고 있는 시간을 모두 합산했을 때 어머니는 약 7년 6개월, 아버지는 약 3년 4개월에 불과하다. 그 짧은 시간을 일에 소비한 그는 '행복'이라는 관점에서 보면 합리적인 판단을 하지 못한 셈이다.

유형 자산을 무형 자산으로 바꿔라

"인생의 후반부를 향해 가며 유형 자산을 무형 자산으로 바꾸고 있어요."

한 부자 여성은 이렇게 말했다. 그녀는 남편을 먼저 떠나보내고 갖은 고생을 했지만, 자신이 시작한 사업을 끝내 성공시켰다. 하나뿐인 딸이 몇 해 전 결혼하며 집을 떠나자 비로소 마음의 짐을 내려놓을 수 있었다. 여러 책임에서 해방된 그녀는 이제 자신의 인생을 좀 더 즐기며 살아야겠다고 마음먹고 전문가와 상의한 끝에 자산을 조금씩 줄여 가며 생활할 계획을 세웠다고 한다.

그녀는 웃으면서 "돈을 모은다고 행복이 쌓이는 건 아니에요"라고 말했다. 나 역시 그 말에 깊이 공감했다. 사람은 돈이라는 유형 자산을 추억이나 경험 같은 무형 자산으로 바꾸지 않으면 행복을 느낄 수 없기 때문이다.

그럼에도 많은 사람이 노후를 걱정하다가 결국 돈을 다 쓰지 못한 채 세상을 떠난다. 인생의 마지막에 돈이 남는다면, 그 돈을 벌기 위해 쏟았던 시간과 노력은 결국 무의미해지고 만다. 따라서 살아 있는 동안 자산의 '정점'을 만들고, 경험을 통해 더 많은 가치를 얻을 수 있을 때 그 자산을 쓰면서 조금씩 줄여 가는 것이야말로 행복해지기 위한 '합리적 판단'이라 할 수 있다.

다만, 자신 있게 자산을 줄여 가기 위해서는 이후 생활에 지장이 없을 만큼의 돈을 확보해야 한다. 라이프 플랜을 점검한 뒤 파이낸셜 플래너와 같은 전문가와 상담해 결정하기를 권한다. 이때 자산의 정점을 금액뿐만 아니라 시기로도 파악하는 것이 좋다.

일반적으로는 라이프 플랜을 세우고 필요한 금액을 역산해 자산의 목표를 설정하라는 조언이 많다. 나 역시 제3장에서 그렇게 조언했다. 물론 수입이 적거나 낭비하는 습관이 있는 사람에게는 명확한 목표 금액을 정하는 것이 의식을 바꾸는 데 효과적이다. 그러나 인생의 후반부에는 자산을 줄여 나갈 시점을 정해 두는 것이 합리적인 판단을 내리는 데 훨씬 도움이 된다.

예를 들어 노후 생활에 어려움이 없도록 목표 금액을 3,000만 엔으로 설정한 사람이 있다고 해 보자. 그가 목표 금액을 달성하면 그다음에는 3,500만 엔을 모으고 싶어질 수 있다. 더 안정적인 생활을 할 수 있을 것 같기 때문이다. 이처럼 불필요한 목표를 계속해서 쫓다 보면 결과적으로 인생을 풍요롭게 만드는 경험의 기회를 놓치게 된다. 자산의 정점을 '시기'로 설정하면 이야기가 달라진다. 65세를 자산의 정점으로 정하고 그 나이가 돼 3,000만 엔을 모았다면, 그 후에는 그 돈을 조금씩 줄여 가며 추억으로 바꿔 나가면 된다.

이처럼 인생의 후반부에는 유형 자산을 활용해 추억이라는 무형 자산을 늘려 가며 인생을 풍요롭게 만드는 것이 무엇보다 중요하다.

부자들의 돈 계산

돈을 모으기만 해서는 행복해지지 않는다. 라이프 플랜을 세울 때는 자산이 정점에 이르는 시기를 설정하고, 그 이후에는 유형 자산을 무형 자산으로 바꾸며 살아가자.

34
부자가 되는 버킷리스트

사람을 만날 때는 마지막인 것처럼

늘 웃는 얼굴로 인생을 마음껏 누리는 어느 부자에게 인생을 즐겁게 사는 비결을 물어본 적이 있다. 그 대답은 의외였다.

"누군가를 만날 때는 그 사람과의 대화가 이번이 마지막일지도 모른다고 생각하는 거예요."

무슨 뜻인지 묻자 그는 이렇게 말했다.

"사람과의 관계에는 반드시 끝이 있어요. 이를 의식하기만 해도 그 시간이 무척 소중해서 의미 있게 보내고 싶어지죠. 결과적으로 더 행복해집니다."

그 이야기를 들으니 내가 시간을 효율적으로 활용하려고 했던 경험이 떠올랐다. 사회인이 되고 멀리 사는 조부모님을 만나러 갔을 때, 함께할 수 있는 시간과 앞으로 만날 수 있는 횟수가 한정돼 있다는 생각이 들었다. 그 소중한 시간을 최대한 의미 있게 보내고 싶었다.

낯선 나라나 지역으로 여행을 갔을 때도 짧은 체류 시간 안에 조금이라도 더 많은 경험을 하고 싶어서 가능한 한 많은 장소를 돌아다니고 적극적으로 옵션과 액티비티에 참여하곤 했다.

이 두 가지의 공통점은 '다시는 경험할 수 없을지도 모른다'는 것이다. 바로 그 점 때문에 우리는 시간을 더 효율적으로 쓰게 되고, 그로 인해 행복을 느끼게 된다.

잘 생각해 보면, 친구를 만나거나 익숙한 가게에 가는 평범한 일상도 언제까지나 경험할 수 있는 것이 아니다. 그날을 끝으로 그 친구를 다시는 만나지 못할 수도 있고, 단골 가게가 문을 닫을 수도 있다. 모든 일은 두 번 다시 경험하지 못할 수도 있다.

  그 부자는 이 사실을 잘 알았기 때문에 누군가를 만날 때마다 '이 시간이 마지막일지도 모른다'고 생각하며 그 순간을 소중히 여겼다.

  우리의 인생은 언젠가 끝이 난다. 한정된 시간을 효과적으로 활용하려면 '이번이 마지막'이라는 의식을 갖고 다양한 경험을 쌓아 가는 것이 중요하다.

하고 싶은 일을 시각화한다

  새로운 경험을 하고 싶거나 목표를 이루고 싶을 때 효과적인 방법은, 인생에서 하고 싶은 일이나 이루고 싶은 꿈을 목록으로 만드는 것이다. 죽기 전에 하고 싶은 일들을 적은 목록을 흔히 버킷리스트라고 부른다.

  영화 〈버킷리스트: 죽기 전에 꼭 하고 싶은 것들〉은 모건 프리먼과 잭 니콜슨이 함께 출연한 작품으로, 큰 병을 앓게 된 두 주인공이 하고 싶은 일들을 목록으로 적고 이를 실현해 가며 남은 인생을 보내는 모습을 그린 매우 인상적인 이야기다.

  버킷리스트를 만들면 하고 싶은 일이 명확해지고, 눈에 보이도록 정리함으로써 동기부여가 되며, 일상 속 의식과 태도가 바뀐다. 이는 인생을 풍요롭게 만드는 계기가 된다. 버킷리스트 작성은 목표를 이루고 싶은 사람뿐만 아니라 하루하루를 무심코 흘려보내기 쉬운 사람에게도 효과적이다.

어떤 부자는 버킷리스트에 기한을 함께 적는다고 한다. '아내와 함께 이탈리아 여행을 간다'가 아니라, '아내와 함께 이탈리아 여행을 간다(50세까지)'라고 적는 것이다. 기한을 적어 두면 한정된 시간 내에 어떻게 목표를 이룰지 더 깊이 고민하게 된다.

버킷리스트를 만들 때는 돈 걱정을 잠시 내려놓는다. 앞으로 어떤 인생을 살고 싶은지를 생각하며 자유롭게 목록을 작성해야 한다. 돈을 생각하면 쉽게 포기할 위험이 있기 때문이다. 경제적인 문제에 너무 집중하다 보면, 나이가 들수록 시간과 건강을 점점 잃게 된다는 사실을 간과하게 되고, 설령 돈을 모아 경험할 수 있게 돼도 기대한 만큼의 가치를 얻지 못할 수도 있다.

버킷리스트가 완성되면 자신의 라이프 플랜에도 추가해 보자. 경제적으로 실현 가능하다면 크게 동기부여가 된다. 만일 지금 상태로는 어렵다는 결과가 나오더라도 포기할 필요는 없다. 목표를 실현하기 위해 일상의 행동을 바꿔 나가면 된다.

 부자들의 수첩에 적힌 버킷리스트를 보면 많은 항목에 줄이 그어져 있다. 지금까지 하고 싶은 일들을 수없이 이루어 왔음을 알 수 있다.
 경험의 축적이 행복을 키운다. 언제나 끝을 의식하고 매 순간을 소중히 여기며 행동한다면, 당신은 반드시 더 행복해질 것이다.

부자들의 돈 계산
인생의 끝을 의식하고 '이것이 마지막 경험'이라고 생각하면, 사소한 일조차 소중한 시간이 되고 그것이 곧 행복으로 이어진다. 버킷리스트를 만들어 많은 경험을 쌓아 가자.

35

부자는
현재를 산다

가장 친한 친구의 죽음이 가르쳐 준 것

　이 책에서 전하는 '합리적인 돈 사용법'은 비즈니스 감각이 뛰어난 경영자나 부자들만 할 수 있는 것이 아니다.

　내 가까이에도 돈을 합리적으로 쓴 친구가 있다. 중고등학교 동창이자 나의 가장 친한 친구 S는 전국에 거점을 둔 상장 기업에서 일하며 아름다운 다테야마 산맥이 보이는 도야마현에 통나무집을 짓고 아내와 함께 세 자녀를 키우며 살았다. 그의 SNS에는 정기적으로 가족사진이 올라왔다. 아이들과 좋은 추억을 만들고 싶어 하는 그의 마음이 사진 속 미소를 통해 고스란히 느껴졌다. 그러나 유감스럽게도 그는 40세에 사고로 세상을 떠났다. 우리 가족과 함께 가족 여행 계획을 세우던 때였다. 나는 갑작스러운 부고에 마음이 무너져 한동안 일이 손에 잡히지 않았다.

몇 달이 지나고 겨우 마음을 추스르자, 파이낸셜 플래너로서 신경 쓰이는 부분이 있었다. 남겨진 S의 가족이 앞으로 어떻게 살아갈지가 걱정됐다. 그래서 그의 아내와 함께 수입과 지출을 시뮬레이션 해 본 결과, 그의 가족은 평생 경제적으로 걱정하지 않아도 된다는 사실을 확인했다. S는 미리 생명 보험 등을 활용해 위험에 대비해 둔 것이다. 그는 공적 연금 제도를 정확히 이해한 상태에서 회사의 제도와 민간 보험을 현명하게 활용했다. 만약 자신이 세상을 떠나더라도 남겨진 가족이 평생 경제적 어려움을 겪지 않도록 철저히 준비했다.

가장 친한 친구에게 일어난 불행으로 나는 두 가지를 깨달았다. 하나는, 누구에게나 노후가 찾아온다는 보장은 없으므로 지금을 살지 않으면 후회할 수 있다는 것이다.

당시 일본에서는 은퇴한 부부의 노후 자금이 평균 2,000만 엔 부족하다는 보고서가 사회적으로 큰 이슈였다. 나 역시 그때까지는 고객의 라이프 플랜을 상담할 때 "노후가 불안하지 않도록 지금은 조금 참고 돈을 모아 자산을 만들어 가야 합니다"라고 말했다.

그러나 지금은 이렇게 말한다.

"자산 운용을 통해 '지금' 쓸 수 있는 돈을 늘리고, 그 돈을 효과적으로 사용해 가족과의 추억과 즐거운 경험을 늘리는 것이 중요합니다."

스티브 잡스는 앞에서 언급한 스탠퍼드 대학교의 졸업 연설에서 죽음에 관해 이렇게 말했다.

"매일 아침 거울을 보며 나에게 물었습니다. '만약 오늘이 내 인생의 마지막 날이라면, 오늘 하려는 일을 정말 하고 싶을까?'. 그 질문의 대답이 'NO'인 날이 며칠이나 계속되자, 변화가 필요하다는 사실을 깨달았습니다."

죽음이 언제나 곁에 있음을 잊지 않는다면 인생을 좌우하는 큰 결단을 내릴 때 자존심이나 공포 같은 심리적 편향에 휘둘리지 않고 합리적으로 판단할 수 있다. 죽음을 의식하며 살면 눈앞의 일에 집중하고 현명한 선택을 할 수 있게 된다.

가장 친한 친구의 죽음으로 얻은 또 다른 깨달음은 '부자들이 실천하는 합리적인 돈 사용법은 누구나 할 수 있다'는 사실이다. 그동안 부자들에게 다양한 돈 사용법을 배우고 나름대로 실천해 왔지만, 그들처럼 생각하기란 좀처럼 쉽지 않다고 느끼곤 했다. 마음 한구석에 '역시 부자들처럼 될 수는 없을 거야'라는 의심이 자리 잡고 있던 시절도 있었다. 그러나 가장 가까운 친구가 부자처럼 합리적인 돈 사용법을 실천하고 있었다는 것을 알게 되자 이 노하우는 누구나 실천할 수 있다는 확신이 생겼다.

'지금을 소중히 살아야 한다.'
'누구나 부자처럼 돈을 현명하게 사용할 수 있다.'

이 두 가지 깨달음이 내가 이 책을 쓰게 된 가장 큰 계기다.

부자들의 집에는 조부모나 증조부모 등 선대의 사진이 장식된 경우가 많다. 그들은 "내가 지금 이 자리에 있는 것은 윗세대 덕분이라는 감사와 존경을 잊지 않기 위해서"라고 말한다. 그분들 덕분에 지금의 내가 있다는 사실을 이해하고 감사하는 마음이 있기에 부자들은 합리적으로 돈을 쓸 수 있는 것이다. 우리 역시 같은 마음가짐을 갖는 것은 어렵지 않다.

나는 요즘 재택근무가 늘고 몸을 움직일 기회가 줄어 매일 새벽 산책을 한다. 아침 해를 볼 때마다 오늘도 새로운 하루를 맞이했다는 사실에 기쁨을 느끼고, 세상을 떠난 친구의 몫까지 즐거운 하루를 보내자고 마음속으로 다짐한다.

인생의 끝은 예고 없이 찾아온다. 생명의 덧없음과 고귀함을 느낄 때 우리는 지금을 소중히 살아야겠다는 마음이 생긴다. 그 마음만으로도 돈을 더 합리적으로 쓸 수 있게 된다.

부자들의 돈 계산

누구나 합리적으로 돈을 쓸 수 있다. 오늘이 인생의 마지막 날이라고 여기며 지금을 소중히 살아가자.

40년 전 필요했던 돈을
지금 상속받은 사람

"돈이란 게 필요할 때는 좀처럼 구할 수가 없더라고요."

할아버지와 부모님이 공립 중학교 선생님이었고 자신은 회사원으로 2년 전에 정년퇴직한 67세 E씨가 이렇게 말했다. E씨는 아버지로부터 자산을 상속받았지만, 정작 필요할 때 받지 못한 것에 아쉬움을 감추지 못했다.

지금으로부터 40년 전, E씨는 27세에 결혼해 집을 마련했다. 그때는 주택 담보 대출의 이자가 지금보다 높아서 생활이 빠듯했다. E씨는 아버지에게 도움을 요청했다. 전년도에 할머니가 돌아가시면서 아버지가 큰돈을 상속받았기 때문에 외아들인 자신을 흔쾌히 도와주리라 생각했다. 하지만 그 희망은 곧 깨졌다.

"네 일은 네가 스스로 해결해라."

상속받은 돈을 묻자 "그건 잘 남겨 두었다가 우리가 죽으면 너에게 상속하겠다"라고 하셨다. 돈이 필요한 건 바로 지금이었지만 E씨는 더 이상 아무 말도 할 수 없었다.
E씨는 주택 담보 대출금을 갚기 위해 절약할 수밖에 없었다. 가족과 여가 생활은 되도록 참았고, 동료들의 점심 권유도 거절하며 집에서 싸 온 주먹밥을 먹는 등 각고의 노력 끝에 은퇴 전 겨우 대출을 상환했다.

E씨가 돈을 상속받은 나이는 67세였다. 돌아가신 아버지는 99세까지 건강하게 사셨고 할머니께 물려받은 돈에는 거의 손대지 않으셨기에 E씨는 3,000만 엔을 고스란히 자산에 보태게 됐다.

'좀 더 빨리 받았더라면….'

30여 년 전, 돈이 없어 포기시켜야 했던 아이의 꿈과 진로가 떠올랐다.

E씨는 상속받은 3,000만 엔을 어떻게 활용할지 나에게 상담을 의뢰했다. "이 돈, 어떻게 하면 좋을까요?"라는 질문에 부자들에게 배운 '자산의 효과적인 양도 방법'을 전했다.
이는 앞으로의 생활과 리스크 관리를 위해 필요한 금액을 확보한 뒤, 남은 자산은 가능한 한 다음 세대가 경험을 쌓고 능력을 키울 수 있도록 사용하며 양도해 가는 방식이다.

"돈의 가치는 나이가 들수록 활용하기 어려운 법이라네."

80대 부자가 나에게 해 준 말이다. 그분은 최근 몇 년간 계속되는 등 통증 때문에 일상생활에 불편을 겪고 있었다.

"이렇게 되고 나면 경험할 수 없는 것들이 늘고, 설령 경험한다고 해도 마음껏 즐기기는 어렵거든."

이 말은 단순히 감정적으로 즐기기 어렵다는 뜻이 아니다. 아무리 경험을 통해 지식이나 노하우를 얻는다 해도 사용할 수 있는 시간이 얼마 없고, 결국 자신이 세상을 떠나면 그 지식과 노하우도 함께 사라지므로 아깝다는 의미다.

이 이야기를 들었을 때, 그렇게까지 합리적으로 생각할 수 있다는 사실에 감탄했다. 그 부자는 자녀뿐만 아니라 손주에게도 돈을 쓰며 새로운 지식과 경험을 얻을 기회를 제공하고 있었다.

"돈을 그냥 주는 게 아니야. 나중에 그 경험에 대한 감상과 배운 점들을 이야기하러 오게 하지. 얻은 것이 적으면 그만큼의 돈은 돌려받겠다고 했더니 다들 진지하더군."

이러한 이야기를 E씨에게 전하자 그 역시 그렇게 하고 싶다고 말했다. 미래의 수입과 지출을 시뮬레이션 해 자산을 수중에 남겨 둘 자산과 다음 세대에 양도할 자산으로 나눴다. "요즘은 100세 시대입니다. 아직 한참 남았으니, 물려받은 자산을 효과적으로 사용하셔서 멋진 추억을 쌓으며 즐겁고 건강하게 사세요"라고 전하자, 그는 함박웃음을 지으며 "알겠습니다"라고 답했다.

얼마 뒤 E씨로부터 연락이 왔다. 지난해 결혼한 아들이 집을 마련했고 올해는 손주가 태어났는데, 아들이 번 돈은 가급적 손주를 위해 썼으면 좋겠다고 했다. 그 후 E씨는 아들에게 주택 자금을 보탰다고 한다. 과거 자신이 겪었던 스트레스를 다음 세대가 겪지 않도록 하는, 여느 부자 못지않은 멋진 돈 사용법이라고 느꼈다. 돈을 준 것 때문만은 아니겠지만, 아들의 집에는 E씨 전용 의자가 놓여 있어 놀러 갈 때 손주의 얼굴을 보며 편안하게 쉴 수 있다고 한다.

마치며

사람, 부, 행복을 버는 부자가 되는 법

처음 부자들을 만났을 때는 큰 자산을 가진 사람들이니 돈을 자유롭게 쓰는 줄 알았습니다. 하지만 그들의 이야기를 듣고 행동을 지켜보면서 제 생각이 틀렸음을 깨달았습니다.

'부자'란 돈을 진심으로 소중히 여기고 지식을 쌓으며 전문가의 조언에 귀를 기울이는 사람들입니다. 이 모든 태도는 결국 합리적으로 돈을 쓰는 삶으로 이어집니다.

그들은 돈에 무심했던 제게 신중하고 현명하게 돈 쓰는 법을 가르쳐 줬습니다. 물론 배우기가 쉽지만은 않았습니다. 처음에는 '나는 그들처럼 부자가 아니니 그들의 마음가짐이나 사고방식을 가질 수 없다'라고 생각했습니다.

그러나 제 나름대로 고민하며 돈을 써 보고 시행착오를 거듭하는 과정에서 점차 이해의 폭이 넓어졌습니다. 그리고 돈을 대하는 태도가 조금은 달라진 37세에 당시 다니던 회사가 도쿄증권거래소 마더스(현재는 그로스 시장)에 상장되면서 주요 주주였던 저는 하루아침에 부자가 됐습니다. 그때 새삼 깨달은 것은, 자산이 많다고 해서 저절로 돈을 합리적으로 쓰게 되는 것은 아니라는 사실입니다. 당시 저는 여전히 합리적이고 효과적인 돈 사용법을 실천하지 못하고 있었습니다.

그 후 자산을 지키고 돈을 소중히 다루기 위해 금융 지식을 익혀야겠다는 생각이 들었고, 파이낸셜 플래너가 되기로 마음먹었습니다. 파이낸셜 플래너가 돼 다양한 사람과 상담을 진행하면서 '나를 비롯해 평범한 사람들은 합리적인 돈 사용법을 완전히 이해하고 실천하기가 어려운 것 아닐까?' 하고 생각한 적도 있습니다. 하지만 친한 친구의 죽음을 계기로, 평범한 사람도 부자와 똑같이 합리적으로 판단해 돈을 쓸 수 있다는 확신을 얻었습니다.

현재 저는 부자들이 실천하는 합리적인 돈 사용법과 더불어 '지금을 살아가는 것' 그리고 '돈을 효과적으로 쓰는 것'의 중요성을 전하고 있습니다.

당장 생각을 바꾸기는 어렵겠지만 바꾸려는 의지를 갖는 것만으로도 행동은 달라집니다. 그저 미래가 불안해 끊임없이 일하고, 참고 아끼며 저축만 하다가 결국 돈을 효과적으로 쓰지도 못한 채 자산만 불리며 인생을 마치는 일은 피해야 합니다.

인생의 마지막 순간을 상상해 보세요. 우리가 누워 있는 침대 곁에 지위나 명예, 고급차나 미술품 같은 것이 놓여 있지는 않을 것입니다. 우리에게 남는 것은 지금까지의 경험과 추억이며, 가족입니다. 이것이 바로 우리 인생의 진정한 풍요로움입니다.

저는 부자들에게 '인생에서 가장 중요한 것은 지금을 온전히 누리며 평생 잊지 못할 추억을 만드는 것'이라고 배웠습니다. 당신이 돈을 현명하게 마주해 돈에 대한 불안을 내려놓고 멋진 경험과 추억이 가득한 풍요로운 인생을 살아가길 진심으로 기원합니다.

이 책을 출판하게 된 것은 제게 합리적인 돈 사용법을 가르쳐 준 친절한 부자들 덕분입니다. 제 인생을 더 나은 방향으로 이끌어 주셔서 정말 감사합니다. 또한 그 배움을 실천하며 시행착오를 거치면서 조금씩 성장해 가는 저를 따뜻하게 지켜봐 주시고 때로는 응원해 주신, 지금까지 제 삶에 함께 해 주신 모든 분께 감사드립니다.

그리고 지금을 살아가는 것의 소중함을 다시 한번 깨닫게 해 준 제 친구에게도 진심으로 고맙습니다.

소중한 가족에게도 감사를 전합니다. 아내의 헌신적인 지지 덕분에 제가 좋아하는 일과 활동에 몰두할 수 있습니다. 아들의 배려에도 늘 큰 힘을 얻고 있습니다. 앞으로의 성장이 기대됩니다.

계속해서 여러분께 도움이 될 수 있도록 다양한 경험을 쌓아 가려고 합니다. 앞으로도 잘 부탁드립니다.

사람, 부, 행운이 따르는 부자들의 돈 사용법
그들은 왜 돈을 쓸수록 부자가 되는가

인쇄일 2025년 11월 27일
발행일 2025년 12월 4일

지은이 다쓰가와 겐고
옮긴이 박수남
펴낸이 유경민 노종한
책임편집 이현정
기획마케팅 1팀 우현권 이상운 **2팀** 최예은 전예원 김민선
디자인 남다희 허정수
기획관리 차은영
펴낸곳 유노북스
등록번호 제2015-000010호
주소 서울시 마포구 동교로17안길 51, 유노빌딩 3~5층
전화 02-323-7763 **팩스** 02-323-7764 **이메일** info@uknowbooks.com

ISBN 979-11-7183-150-0 (03320)

- — 책값은 책 뒤표지에 있습니다.
- — 잘못된 책은 구입한 곳에서 환불 또는 교환하실 수 있습니다.
- — 유노북스, 유노라이프, 유노책주, 향기책방은 유노콘텐츠그룹의 출판 브랜드입니다.

──── 읽을수록 부자가 되는 책 ────

데이비스 투자 가문에게 배우는 주식 불변의 법칙
월가의 전설 100년 주식투자 비법
존 로스차일드 지음 | 김명철, 신상수 옮김
이상건 감수 | 값 27,000원

월가의 영웅 피터 린치 강력 추천 도서. 주식시장은 변해도 투자 원칙은 변하지 않는다. 워런 버핏과 어깨를 나란히 한 미국의 대부호이자 대공황, 블랙먼데이, 전쟁의 폭락에도 기회를 잡은 투자자, 47년간 누적 수익률 180만 퍼센트를 올린 주식의 대가의 주식 투자기.

99%의 풍요를 위한 자본주의 경제를 열다
자본주의자 선언
요한 노르베리 지음 | 김종현 옮김 | 값 29,000원

"자본주의는 언제나 항상 옳았다!" 일론 머스크 강력 추천 도서. 지금 세대가 지난 세대보다 더 힘들게 살고 있는가? 자본가는 착취하는 쪽이고, 노동자는 착취당하는 쪽인가? 경제역사학자가 수많은 연구 끝에 제시하는 부와 성장의 새로운 미래.

타이밍과 차트에 상관없이 수익을 높이는 비트코인 투자법
나는 오늘도 비트코인을 산다
강승구, 최동녘 지음 | 값 21,000원

이래학 달란트투자 대표, 봉현이형, 아토믹 강력 추천 도서. 10년 전에 샀으면 676배! 5년 전에 샀으면 25배! 국내 최초 비트코인 적립식 투자 서비스 설립자와 국내 최고의 블록체인 전문기자가 알려 주는 비트코인의 구조와 매수 전략부터 투자 마인드와 흐름까지.

절대 변하지 않는 부를 축적하는 비결
한국의 땅 부자들
정병철 지음 | 값 20,000원

부자들은 조용히 땅을 사고 돈을 번다! 금싸라기 명당만 사들이는 부자부터 도로와 건물 짓기 좋은 땅만 보는 알부자 땅으로 돈 벌고 절세하는 부자까지. 토지 분석 전문가이자 실력파 투자가가 생생하게 풀어낸 땅 부자들의 세계.

**어떤 사람은 돈을 쓰면 가난해지고
어떤 사람은 돈을 쓰면 부유해진다**

당신이 쓰는 돈이
돈을 벌어다 주는 비결

저는 돈 전문가라고 할 수 있는 파이낸셜 플래너입니다. 제가 여러 부자를 만나 이야기를 들으면서, 그들이 부유층이라 불리는 자리에 오른 것은 사고방식과 일상의 습관이 보통 사람과 다르기 때문이라는 사실을 깨달았습니다. 부자들은 돈을 바라보는 태도와 사용하는 방식이 매우 합리적입니다. 이 사실을 알고부터 제 인생은 크게 달라졌습니다. 다시는 돈이 없어 고생하고 싶지 않았던 저는 돈과 관련된 부자들의 행동, 습관, 사고방식을 따라 했습니다. 그 결과 저도 현재 부자의 대열에 합류했습니다. 어떠신가요? 제가 부자들에게 배운 합리적인 삶의 방식이 궁금하지 않으신가요?

값 18,000원 · ISBN 979-11-7183-150-0 (03320)